中国自由贸易试验区研究
（总第一辑）

Research of China Pilot Free Trade Zone

主编　杨　林

中国财经出版传媒集团
经济科学出版社
Economic Science Press
·北京·

图书在版编目（CIP）数据

中国自由贸易试验区研究．总第一辑/杨林主编．--北京：经济科学出版社，2024.3
ISBN 978-7-5218-5720-7

Ⅰ.①中… Ⅱ.①杨… Ⅲ.①自由贸易区-研究-中国 Ⅳ.①F752

中国国家版本馆 CIP 数据核字（2024）第 060580 号

责任编辑：于 源 姜思伊
责任校对：蒋子明
责任印制：范 艳

中国自由贸易试验区研究（总第一辑）
主编 杨 林
经济科学出版社出版、发行 新华书店经销
社址：北京市海淀区阜成路甲 28 号 邮编：100142
总编部电话：010-88191217 发行部电话：010-88191522
网址：www.esp.com.cn
电子邮箱：esp@esp.com.cn
天猫网店：经济科学出版社旗舰店
网址：http://jjkxcbs.tmall.com
北京季蜂印刷有限公司印装
787×1092 16 开 11.25 印张 215000 字
2024 年 3 月第 1 版 2024 年 3 月第 1 次印刷
ISBN 978-7-5218-5720-7 定价：46.00 元
（图书出现印装问题，本社负责调换。电话：010-88191545）

中国自贸试验区研究

Research of China Pilot Free Trade Zone

目　　录

中国自由贸易试验区的产业政策：回顾与展望

钱学锋　何琛杰*

【摘　要】中国的自由贸易试验区自2013年建立以来已有十年。十年来，自由贸易试验区以制度创新为核心，为国家试制度，为地方谋发展，同时也发布了大量的产业政策。本文首次通过文本分析的方法，对中国22个自由贸易试验区自成立以来发布的产业政策进行了梳理，探究其在发展演变过程中呈现出的实践特征。研究发现，中国自由贸易试验区自2019年开始普遍发布了更多的产业政策，并且分别在2017年、2018年与2020年经历了政策关注点的转变。从政策工具的角度，中国自由贸易试验区偏好使用供给型与环境型的政策工具，使用需求型政策工具较少；从支持的具体产业角度，中国自由贸易试验区对战略性新兴产业的支持力度呈现逐年上升趋势，但总体占比维持在30%左右，对第三产业的支持力度要大于第一产业和第二产业；从产业政策类型的选择角度，选择性产业政策的使用略多于功能性产业政策，但二者的数量在大多数年份维持着1∶1的水平。基于此，本文认为减少选择性产业政策的使用、发挥产业政策的“安全”功能、推动战略性新兴产业融合集群发展、完善产业政策的评估机制，或将成为中国自由贸易试验区此后高质量推进产业发展的关键着力点。本文是对过去十年中国自由贸易试验区发布的产业政策进行总体分析的首次尝试，为中国加速实施自由贸易试验区提升战略、推动当地产业转型升级、构建现代化产业体系提供了理论参考和政策建议。

【关键词】**自贸试验区　产业政策　文本分析**

---

* 钱学锋：教育部青年长江学者，中南财经政法大学教务部部长、中国（湖北）自由贸易区研究院院长，二级教授、博导。联系方式：xfqian@126.com；何琛杰：中南财经政法大学工商管理学院硕士研究生。

本文系国家社科基金重大项目“全球价值链背景下国际贸易政策体系调整与中国应对策略研究”（21&ZD083）和中南财经政法大学科研创新平台能力建设项目“实施自由贸易试验区提升战略研究”（2722023EJ010）的阶段性成果。

一、引　言

中国自由贸易试验区（以下简称“自贸试验区”）是中国推进供给侧结构性改革、构建开放型经济新体制和实施新区域发展战略的重要途径与方式（盛斌，2017）。2013 年，中国在上海设立国内首个自贸试验区，拉开了自贸试验区建设的序幕；2023 年，中国自贸试验区迎来建设的第十年。十年间，中国自贸试验区建设不断推进，已设立 22 个自贸试验区（含海南自由贸易港）、70 个自贸片区，为全国各地贡献了制度创新和经济发展的宝贵经验。

中国自贸试验区自建立以来，以制度创新为核心，兼顾为国家试制度和为地方谋发展。但由于自贸试验区的制度创新存在“政府改革探索动力不足、企业参与感获得感不强”的情况（丁宏，2020），多数制度创新成果往往与当地实际制度需求“脱节”，因此“为地方谋发展”的效能存在不足。在此情况下，为了更好地推动地方经济高质量发展，一系列针对自贸试验区产业发展的政策应运而生。

进一步地，在逆全球化的潮流不断兴起、中国产业发展面临核心技术“卡脖子”难题的国际背景下，自贸试验区的产业政策亦是中国重塑产业竞争新优势、构建新发展格局的重要载体。2022 年，党的二十大报告中指出要“着力提升产业链供应链韧性和安全水平”，同年，中央经济工作会议提出“产业政策要发展和安全并举”。2023 年 9 月，习近平总书记就深入推进自由贸易试验区建设作出了重要指示：“统筹发展和安全……加强改革整体谋划和系统集成，推动全产业链创新发展，让自贸试验区更好发挥示范作用”。①以上均为中国产业发展与产业政策的转型提出了新的挑战和要求。毫无疑问，自贸试验区作为中国先行先试的改革开放新高地，在推动中国产业升级、推动地方经济发展方面扮演着重要角色。因此，本文系统总结了中国自贸试验区发布的产业政策呈现出的特征，并对这些特征事实背后的经济学内涵进行了解析，对今后自贸试验区产业政策的制定、加速实施自贸试验区提升战略具有重要意义。

本文剩余部分的安排如下：第二部分对与本文相关的研究进行了梳理与回顾；第三部分介绍中国自贸试验区十周年以来发布的产业政策的基本情况与政策处理方法；第四部分对中国自贸试验区产业政策进行了文本分析，并对其呈现的具体特征进行了总结分析；第五部分对这些特征性事实背后的经

① 习近平就深入推进自由贸易试验区建设作出重要指示强调：勇做开拓进取攻坚克难先锋努力建设更高水平自贸试验区，中华人民共和国中央人民政府网，https：//www. gov. cn/yaowen/liebiao/202309/content_6906406. htm？ jump = true.

济学内涵进行了解析；第六部分是结论与政策建议。

二、文献综述

目前，有关自贸试验区与地区产业发展之间的关系研究不在少数。刘学新和马君潞（2014）从产业政策和产业竞争力的角度，分析了在自贸试验区战略中中国的产业发展战略。黎绍凯和李露一（2019）通过“反事实”框架下的合成控制法，对上海自贸试验区对产业结构升级的政策效应进行了评估，发现上海自贸试验区设立对产业结构高度化具有显著正向影响，对加工程度高度化的政策效应较弱；李世杰和赵婷茹（2019）采用回归控制法分析了上海自贸试验区的设立对产业结构的处理效应，认为自贸试验区先行试验的政策能够显著地促进产业结构的高级化，而对产业结构合理化的促进作用表现为前期作用显著，后期作用不明显。周金凯（2022）从自贸试验区与RCEP产业合作的角度进行分析，认为自贸试验区与RCEP产业合作既要考虑产业的比较优势和竞争优势，也要结合国际贸易与国际分工理论，注重双边贸易结合程度对产业合作的引导作用。同时，也有学者认为自贸试验区促进地区产业结构升级的作用存在区域上的异质性，李晓钟和叶昕（2021）的研究发现，在经济发展水平较高、金融业较为发达的地区，自贸试验区政策对区域产业结构升级具有积极作用，反之，自贸试验区政策对区域产业结构升级影响较弱。

产业政策一直以来都是一个备受争议的议题，国内外的大量学者对是否应该实施产业政策这一问题发表了不同的看法，典型的例子就是2016年林毅夫与张维迎就产业政策展开的“世纪之辩”。尤哈斯等（Juhàsz et al.，2023）对近年来有关产业政策的文献进行了总结与评述，认为经济学上有关产业政策的争辩应当转向“如何使用”产业政策，而非“是否应该使用”。

拉尔（Lall，2001）将产业政策分为选择性产业政策和功能性产业政策，为产业政策的划分提供了可供参考的标准。选择性产业政策由政府主导，通过与财政、金融等政策工具有选择地促进特定产业的发展，同时抑制其他企业的同类活动（小宫隆太郎等，1988）；功能性产业政策则是指支持产业技术的创新与扩散，并为之建立系统有效的公共服务体系，帮助劳动者提升技能以适应产业发展需求等方面的政策（江飞涛和李晓萍，2018）。

中国产业政策在市场经济的条件下，可以在不同的层面发挥引导资源配置的作用（彭文生，2022）。随着改革开放的深入与经济快速发展，中国的产业政策经历了一个由计划管理与选择性产业政策混合的产业政策体系向以选择性产业政策为主体、以功能性政策为辅助的产业政策体系转变的过程（江飞涛和李晓萍，2018），但是选择性产业政策由于自身的局限性，对产业发展的促进作用存在一定的局限性。戴小勇与成力为（2019）通过实证测算，发现政府挑选赢家与输家的选择性产业政策未能体现促进市场竞争的特征，政策实施效果无法达到预期，证明选择性产业政策的作用确实存在局限性。同时也有许多学者指出，中国需要进行产业政策从选择性到功能性的转型（叶光亮等，2022；江飞涛和李晓萍，2018）。

综上所述，研究中国自贸试验区对地区产业发展影响的文献较为充足，也有大量学者围绕产业政策展开了讨论，但是目前暂未有学者对中国自贸试验区发布的产业政策进行系统的梳理和总体的分析。2023 年恰逢中国自贸试验区设立十周年，在此时间节点，本文对中国 22 个自贸试验区、67 个自贸片区（新疆自贸试验区除外）自成立以来推行的产业政策文件进行系统梳理和分析，首次通过文本分析的方法对政策文本表现出的实践特征进行量化，探究其在十年发展演变过程中呈现出来的实践特征与趋势，具有较高的理论与现实价值。进一步地，本文结合中国国内与国际经济形势，深入探究蕴含在这些特征背后的经济学原因，对推进自贸试验区产业高质量发展，推动国内经济体制改革、转型和升级，构建现代化经济体系也具有重要的政策意义。

三、研究设计

（一）关于自贸试验区产业政策界定的讨论

本文的研究对象是中国自贸试验区的产业政策，因此确定何为本文所讨论的产业政策是首要问题。

首先，应该明确的是本文中产业政策的范畴。一直以来，产业政策并未有一个统一的定义与标准，从广义视角来说，产业政策是政府发布的一切能够影响产业发展的集合；从狭义视角来说，产业政策是政府有目的地针对当地产业发展而制定的政策集合。本文从较为狭义的定义出发，只考虑自贸试验区“针对产业的政策”，而自贸试验区发布的部分其他政策，例如有关自贸试验区建设与改革的政策，虽然能够在一定程度上影响产业发展，但不能很好地体现出自贸试验区专门对产业发展的支持，因此不属于本文的研究对象。

其次，应该明确的是哪些政策属于自贸试验区的产业政策。中国自贸试验区的政府管理体制从整体上看分化成了“国务院—省级人民政府—管委会—片区管理机构”的四级管理体制（高恩新，2021）。其中，在国务院一级设有自由贸易试验区工作部际联席会议制度，主要负责统筹协调全国自贸试验区试点工作；在省级人民政府层面，各省设有自贸区工作推进领导小组，负责统筹协调各省的自贸试验区建设发展工作；再往下则是各个自贸试验区与自贸试验片区的管委会，负责落实各自贸试验区的各项具体任务。上述层级中，省级人民政府及以下的自贸试验区管理部门根据当地自贸试验区的产业实际与发展目标制定的产业政策应当属于本文的研究范畴内。同时，在省（市）人民政府层面，各省（市）的人民政府以及各个业务主管部门尽管并非自贸试验区的直接管理部门，但其发布的有关支持自贸试验区当地产业发展的政策往往也是为自贸试验区“量身定制”的，同样属于本文的研究对象。

此外，自贸试验区作为一类特殊的经济功能区，与当地的一级行政区和已建成的其他经济功能区存在治权空间的重叠关系，这就导致部分自贸试验区与其他行政区、经济功能区出现“一套人马，两块牌子”的现象（高恩新，2021）。在这种情况下，这部分行政区与经济功能区根据当地实际发布的产业政策同样适用于自贸试验区，因此也属于本文的研究对象。

综上所述，本文中的中国自贸试验区的产业政策是指中国各自贸试验区的直接管理部门、自贸试验区所在省（市）各业务主管部门以及与自贸试验区存在地区与管理部门重叠的其他行政区、经济功能区结合当地产业实际，针对当地产业发展出台的各类意见、规划、方案、政策等文件。

（二）数据来源和描述性统计

本文对中国22个自贸试验区的产业政策进行了搜集和整理。首先在各自贸试验区以及各片区官方网站的政策法规栏搜集已发布的产业政策，由于部分自贸试验区官网未公布产业政策，针对这部分自贸（片）区，在其所属省（市）政府的官网以“自贸试验区”“自贸区”“片区”等词为关键词进行检索和筛选，得到了部分政策文件。同时，在与自贸试验区存在治权空间上重叠的行政区、经济功能区官网进行搜集补充，由于这些行政区和经济功能区在设立时间上大都早于自贸试验区，因此只选择了在自贸试验区设立时间后发布的产业政策。经过搜集和筛选，共得到2013年9月至2023年9月的产业政策文件共422份，其中2014年上海自贸试验区并未发布针对自贸试验区产业发展的政策，受限于数据的公开性，并未在安徽自贸试验区官方网站及其他相关网站中检索到针对自贸试验区产业发展的政策。各自贸试验区（港）发布的产业政策情况如表1所示。

表 1　　自贸试验区产业政策数量逐年统计

自贸试验区	年份											总计
	2013	2014	2015	2016	2017	2018	2019	2020	2021	2022	2023	
上海自贸试验区	1	0	1	2	2	2	3	17	17	19	15	79
福建自贸试验区			5	3	5	3	9	7	9	3	2	46
广东自贸试验区			1	1	4	0	9	13	7	19	12	66
天津自贸试验区			0	0	3	0	2	9	3	4	0	21
湖北自贸试验区					1	1	3	0	6	7	5	23
四川自贸试验区					4	2	1	0	1	1	0	9
浙江自贸试验区					1	0	0	2	2	1	0	6
辽宁自贸试验区					0	1	0	1	6	1	0	9
陕西自贸试验区					4	1	0	1	2	4	1	13
河南自贸试验区					0	1	0	1	0	0	0	2
重庆自贸试验区					4	1	3	0	0	0	0	8
海南自由贸易港						2	1	4	7	8	3	25
山东自贸试验区							2	2	1	7	2	14
广西自贸试验区							0	1	9	4	0	14
江苏自贸试验区							5	12	6	3	6	32
河北自贸试验区							0	2	0	3	1	6
云南自贸试验区							3	2	4	10	2	21
黑龙江自贸试验区							2	1	1	1	1	6
北京自贸试验区								1	7	2	0	10
湖南自贸试验区								2	7	1	2	12
安徽自贸试验区								—	—	—	—	—
新疆自贸试验区												
总计	1	0	7	6	28	14	43	78	95	98	52	422

注：2013 年的数据区间为 2013 年 9 月至 2013 年 12 月；2023 年的数据区间为 2023 年 1 月至 2023 年 9 月。

由表 1 的结果可以看出，在 22 个自贸试验区中，第一批次和第二批次的自贸试验区发布的产业政策数量普遍较多，而第三批次的自贸试验区发布的产业政策与其他批次相比较少。为了直观地观察到自贸试验区发布的产业政策数量在时间上的变化特征，使用折线图的形式来描绘自贸试验区产业政策逐年的数量变化，由于自贸试验区设立的数量在时间上是逐渐增加的，为排除这一影响，在此仅考虑设立时间最长的第一批与第二批自贸试验区，结果如图 1 所示。

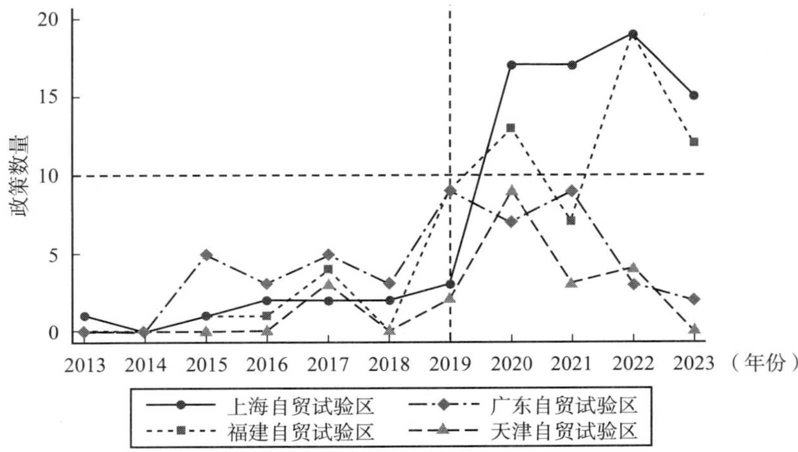

图 1　第一批与第二批自贸试验区产业政策数量逐年变化

从图 1 的结果可以得出，自 2019 年开始，中国的自贸试验区相较之前发布了更多的产业政策。这符合 2019 年发布的《中共中央　国务院关于推进贸易高质量发展的指导意见》中提出的“夯实贸易发展的产业基础”这一要求，表明中国自贸试验区自 2019 年开始更加重视产业政策的作用。

（三）数据处理

考虑到一个具体的产业政策文件由不同的政策条款组成，而在一些支持多个产业发展的文件中，不同的条款支持的具体产业存在差异，且同一政策文件的不同条款可能表现出选择性与功能性的性质，为了便于统计政策支持的具体产业以及使用不同类型产业政策的具体情况，我们在得到各自贸试验区的产业政策文件后，按照各个政策的内容，手动将政策拆分成不同的具体条款，并提取其中的关键内容，分析各条款的政策类型以及支持的具体产业。

本文首先对处理后的政策文本进行整体上以及分批次、分年度的高频词统计分析，然后根据政策条款的具体内容，手动对条款进行选择性与功能性分类，并归纳其支持的具体产业，基于此来分析自贸试验区产业政策在发展和演变中的特征性事实。

四、中国自贸试验区产业政策的特征性事实

在对搜集到的文本进行归纳整理与分类后，本文从高频词分析、支持产业分析与政策类型分析三个方面对中国自贸试验区的产业政策进行分析，以

全面深入地探究自贸试验区产业政策在发展演变过程中呈现出的实践特征。

（一）高频词分析

1. 政策整体高频词分析

表2的第（1）列展示的是在总体层面对所有产业政策文件进行高频词统计的结果。其中，词频排名第一的词是“企业”，企业是市场经济活动的主要参与者，表明自贸试验区的产业政策主要通过影响微观企业的生产经营活动来促进产业的发展。附表A.1是“企业”的邻词词频统计结果，具体来看，排名较高的邻词是“给予”“奖励”“支持”“年度”“鼓励”等词，而这些词同样也出现在了整体高频词的排名前列，往往表示的是产业政策通过对企业给予奖励或补贴以支持或引导企业的生产活动。从左邻词来看，排在前列的词是“支持企业”“给予企业”“奖励企业”“鼓励企业”“补贴企业”；从右邻词来看，排在前列的是“企业给予”“企业年度”“企业机构”“企业开展”“企业最高”。无论是从左邻词还是右邻词，都主要是围绕对企业的“资金支持”展开，这也表明“资金支持”是自贸试验区产业政策当中最常用的政策工具。[①] 与资金支持相关，并同样排在高频词前列的“超过”“最高”“年度”“一次性”等词则表示的是产业政策在对企业实行资金支持时对企业的规模、经济贡献等提出要求，同时对奖励的形式与数额做出限定，这表现出了产业政策对企业的资金支持大多数表现出选择性的特征。

除此之外，“服务”“建设”“创新”“研发”“人才”“平台”等词也出现在高频词前列，这些词表示的是政策对企业的研发创新、公共服务平台的搭建、人才队伍的培养和基础设施建设的支持。以“建设”一词为例，附表A.2是“建设”的邻词词频统计结果，其中左邻词排在前列的是“平台建设”“基础建设”“投资建设”“基地建设”，右邻词排在前列的是“建设支持”“建设运营”“建设鼓励”“建设推动”“建设加快”。从“建设”的邻词词频结果来看，这些词不针对个别企业，而是倾向于为企业提供有利的发展环境，往往具有普惠性，体现了自贸试验区产业政策具有的功能性的特征。

总体来看，整体层面的高频词统计结果体现出自贸试验区在使用政策工具时以供给型政策工具（资金支持）为主，其次为环境型政策工具，而使用需求型政策工具较少。

① 本文参考的是罗特韦尔和泽福德（Rothwell and Zegveld，1985）提出的政策工具分类。他们将政策工具分为需求型、环境型与供给型，其中，供给型政策工具包括基础设施、资金支持、人才培养等。

表 2　排名前 25 的政策高频词分批次统计

排序	总体（1）	第一批次（2）	第二批次（3）	第三批次（4）	第四批次（5）	第五批次（6）	第六批次（7）
1	企业	企业	企业	企业	企业	企业	企业
2	给予	支持	奖励	给予	建设	给予	支持
3	奖励	建设	给予	奖励	人才	奖励	给予
4	支持	发展	支持	支持	海南	支持	奖励
5	超过	服务	补贴	服务	支持	最高	超过
6	服务	产业	超过	超过	发展	超过	补贴
7	最高	片区	最高	发展	服务	服务	最高
8	发展	创新	机构	最高	游艇	项目	机构
9	补贴	临港	年度	补贴	产业	片区	服务
10	建设	给予	扶持	建设	设计	补贴	创新
11	机构	数据	项目	创新	数字疗法	一次性	数据
12	项目	推动	补助	鼓励	旅游	年度	项目
13	产业	平台	合作	项目	鼓励	机构	建设
14	创新	超过	亿元	机构	开展	发展	研发
15	鼓励	研发	发展	平台	项目	补助	发展
16	年度	国际	一次性	开展	管理	鼓励	资金
17	平台	技术	人才	产业	研发	投资	亿元
18	人才	打造	服务	研发	国际	产业	平台
19	研发	应用	实际	扶持	养殖	扶持	实际
20	开展	项目	鼓励	引进	航空	跨境	认定
21	扶持	奖励	投资	认定	中医药	实际	技术
22	一次性	重点	申请	人才	加强	人才	应用
23	片区	开展	认定	投资	技术	建设	鼓励
24	认定	最高	贡献	设立	产品	贡献	开展
25	亿元	鼓励	资金	推动	给予	认定	一次性

注：由于各批次自贸试验区产业政策的特征词数量较多，限于篇幅，本文仅展示词频数排名前 25 的特征词，并将该部分词认定为该批次自贸试验区产业政策的高频词。

2. 高频词分批次特征分析

本文将政策文本按照中国自贸试验区成立的批次一次分为六组，分别对每个批次自贸试验区的产业政策进行高频词分析，表 2 的第（2）至第（7）

列分别是第一至第六批次自贸试验区的高频词统计结果。与产业政策整体词频的统计结果不同，第（2）列的结果中，第一批次设立的自贸试验区，即上海自贸试验区的高频词中，“建设”“发展”“服务”等词排在前列，而非“奖励”“超过”等词，说明相对其他批次的自贸试验区来说，上海自贸试验区使用资金支持这一政策工具较少，而更加注重基础设施的建设以及营商环境的营造；排在这些词后面的词是“临港”，这是由于上海自贸试验区临港新片区发布的产业政策在上海自贸试验区发布的产业政策中占有较大的比重；“创新”“研发”和“技术”分别排在第8位、第15位和第17位，说明上海自贸试验区较为重视产业的创新发展，对企业的研发、技术的创新与引进进行支持；需要特别注意的是，“数据”排在上海自贸试验区的高频词第11位，说明数据已经逐渐成为支撑价值创造和经济发展的关键生产要素，成为数字经济中的关键资源（陈晓红等，2022），这能够说明上海自贸试验区对当地数字经济发展具有较高的重视程度。

第二批次与第三批次自贸试验区的高频词统计结果与整体的高频词统计结果差别较小。对于第二批次的自贸试验区来说，“人才”排在第17位，说明第二批次自贸试验区重视产业人力资源的培养和引进。对第三批次自贸试验区来说，“创新”和“研发”排在第11位和第18位，说明第三批次的自贸试验区重视产业的创新发展。

第四批次设立的是海南自由贸易港，根据表2第（5）列的结果，“建设”“人才”一词排在第2位和第3位，说明与上海自贸试验区相似，海南自由贸易港采用供给型政策工具较少，使用环境型政策工具较多；排在其后的是“游艇”“产业”“设计”“数字疗法”“旅游”等词，表明这几个产业是海南自由贸易港主要支持发展的产业。

第五批次与第六批次的自贸试验区的高频词统计结果同样与总体的高频词统计结果相似，两批次的自贸试验区都采用了较多的资金支持政策工具。第六批次的自贸试验区高频词统计结果与第一批次自贸试验区相同，“创新”“研发”“技术”等词都出现在高频词前25位中，说明该批次的自贸试验区对技术创新与研发的支持，同时，“数据”排在第11位，说明该批次的自贸试验区同样重视数字经济在产业发展中的重要作用。

3. 高频词时间趋势分析

本文还按照政策的发布时间对政策文本进行高频词分析。从时间维度上看，在2019年之前，各年的高频词统计结果之间的差异较大，而在2019年之后，各年的高频词统计结果开始趋于稳定，这可能是因为2019年之前政策样本数量较少。在2015年，自贸试验区产业政策使用的政策工具主要是资金支持，“投资”“股权”“融资租赁”“金融机构”“融资”等词同时出现在高频词前25位中，表示该年的产业政策支持的主要产业为金融业及其相关产业。在2016年，“融资租赁”取代“企业”成为词频第一的词，说明该年的大部分产业政策都支持当地融资租赁业的发展，“广告”“跨境电商”同样出现在该年的高频词前25位中，说明该年发布了支持广告产业与跨境电商产业发展的产业政策。同时，“横琴”一词在2015年与2016年的高频词结果中均有出现，这是因为在这两年中广东自贸试验区珠海横琴新区片区发布的产业政策占有较大比重。

在2017年的高频词结果中，“建设”“平台”“创新”“研发”等词均未出现，而“超过”“最高”“年度”“贡献”等词均在前25位中，这说明在2017年，自贸试验区对企业的资金支持具有明显的选择性的特征，而该年呈现出功能性的产业政策较少。同时，从2017年开始，“人才”一词开始出现在高频词前列，说明自2017年起，自贸试验区开始重视产业人力资源的培养和引进，加大了对人才培养政策工具的使用。在2018年的高频词统计结果中出现了“融资租赁”“金融”“影视”“物流”“文化”等词，说明该年主要发布了支持金融及相关产业、影视产业、物流业和文化产业发展的产业政策，同时“创新”一词在2018年首次出现在政策高频词前25位中，表明从2018年开始，自贸试验区开始加大对产业创新发展的重视。

从2019年开始，高频词的统计结果开始趋于稳定，前几位出现的单词都是“企业”“给予”“奖励”“支持”“超过”等词，说明自2019年起，自贸试验区开始较为稳定地使用较多的资金支持政策工具。而从2020年开始，各年的高频词中均出现了“服务”“建设”“平台”“研发”等词，一方面体现出了自贸试验区开始使用较多的基础设施政策工具，另一方面也体现出了产业政策对企业研发能力培养以及研发平台建设的支持，以及政策关注点的转变。

表3　　　　排名前25位的政策高频词逐年统计

排序	2015年	2016年	2017年	2018年	2019年	2020年	2021年	2022年	2023年
1	企业	融资租赁	企业	企业	企业	企业	企业	企业	企业
2	给予	企业	给予	发展	给予	给予	给予	给予	给予
3	奖励	广告	奖励	支持	奖励	奖励	奖励	奖励	奖励
4	投资	公司	补贴	奖励	支持	支持	支持	支持	支持
5	支持	发展	超过	服务	超过	超过	服务	最高	超过
6	股权	支持	最高	建设	扶持	项目	发展	超过	最高
7	补助	给予	扶持	产业	最高	最高	建设	服务	补贴
8	融资租赁	鼓励	支持	给予	补贴	补贴	产业	机构	服务
9	设立	奖励	年度	项目	项目	服务	创新	发展	机构

续表

排序	2015 年	2016 年	2017 年	2018 年	2019 年	2020 年	2021 年	2022 年	2023 年
10	扶持	服务	机构	融资租赁	一次性	发展	超过	研发	数据
11	业务	租赁	发展	鼓励	人才	建设	机构	建设	建设
12	公司	补贴	一次性	金融	服务	机构	片区	年度	项目
13	资金	跨境电商	项目	影视	发展	片区	开展	项目	鼓励
14	一次性	横琴	亿元	推进	补助	平台	最高	补贴	创新
15	亿元	业务	认定	重点	鼓励	鼓励	平台	产业	认定
16	平台	规定	资金	创新	认定	产业	国际	人才	发展
17	横琴	开展	设立	引进	年度	人才	研发	鼓励	一次性
18	自贸试验区	超过	自贸试验区	物流	实际	创新	项目	扶持	平台
19	金融机构	加强	服务	开展	片区	认定	推动	创新	人才
20	超过	项目	鼓励	国际	开展	研发	补贴	平台	年度
21	片区	设备	新区	投资	建设	年度	鼓励	开展	亿元
22	年度	产业	投资	设立	创新	重点	打造	实际	合作
23	项目	管理	人才	文化	机构	金融	年度	合作	应用
24	融资	行业	贡献	推动	亿元	技术	投资	亿元	产业
25	机构	金融	产业	机构	投资	投资	技术	一次性	补助

注：由于在 2013 年与 2014 年可获取的政策文件数量有限，在此不展示这两年的分析高频词结果。

（二）支持产业的相关分析

本文同样对自贸试验区产业政策支持的具体产业进行了整理和分析。表 4 表示的是自贸试验区发布的产业政策支持的具体产业的情况，以支持该产业的条款总数排序，列出支持条款数最高的前 20 类产业。在实际情况中，各自贸试验区的产业政策对相同的产业存在叙述上的差异，本文在根据政策内容提取出支持的具体产业后，将产业含义相同但存在叙述差异的词进行合并，得出最终的结果。

表 4　　排名前 20 的自贸试验区产业政策支持的具体产业

排名	具体产业	政策条款数	排名	具体产业	政策条款数
1	金融业	391	3	生物医药产业	190
2	旅游业	239	4	集成电路产业	180

续表

排名	具体产业	政策条款数	排名	具体产业	政策条款数
5	高新技术产业	165	13	航运物流业	74
6	文化产业	154	14	新能源汽车产业	69
7	法律服务业	134	15	装备制造业	63
8	先进制造业	133	16	人工智能产业	61
9	融资租赁业	127	17	工业互联网产业	60
10	金融服务业	112	18	会展业	56
11	跨境电商产业	107	19	新一代信息技术产业	56
12	数字经济产业	77	20	海洋产业	49

根据表4的结果，支持的政策条款数最多的产业是金融业，金融是调节经济的重要杠杆，在经济中具有核心作用，因此自贸试验区的产业政策中有相当数量是关于当地金融业发展的，同时与金融业相关的“融资租赁业”“金融服务业”分别排在第9位和第10位，进一步体现了自贸试验区对金融以及相关产业的重视。排在第二位的产业是旅游业，随着近十年中国经济发展水平的不断提升，旅游业逐渐成为了中国的战略性支柱产业，旅游作为一项促进经济结构优化的重要推动力，各自贸试验区选择将其放在优先发展的位置，并通过产业政策提供支持措施。

排在前20位的产业还有“先进制造业”“集成电路产业”“生物医药产业”“新能源汽车产业”“新一代信息技术产业”等，这些产业属于战略性新兴产业，① 具有知识技术密集、物质资源消耗少、成长潜力大、综合效益好等特点，对经济的发展起着重要的引领作用，排在前20位的产业中有较多都属于战略性新兴产业，可以看出自贸试验区较为重视战略性新兴产业的发展。图2的结果展示的是2015～2022年产业政策支持的产业中战略性新兴产业的占比变化情况。总体上看，支持战略性新兴产业的条款占比呈现出逐年上升的趋势，并从2019年开始维持在30%的水平，这说明自贸试验区对战略性新兴产业的支持力度正在逐年增加。

本文也对自贸试验区产业政策对三大产业的支持情况进行了分析。图3展示的是2015～2022年各年自贸试验区支持三大产业的条款数占比变化。可以看出，自贸试验区产业政策对第一产业的支持条款数基本保持在较低水平。同时，除了2020年，自贸试验区对第三产业的支持条款数均大于第二产业，并且从2019年开始，对三大产业的支持情况基本趋于稳定，呈现出支持第三产业的条款占比在60%上下，支持第二产业的条款占比在40%上下的情况。

① 本文对战略性新兴产业的定义参考国家统计局2018年发布的《战略性新兴产业分类（2018）》，并以此文件为准进行战略性新兴产业的认定和划分。

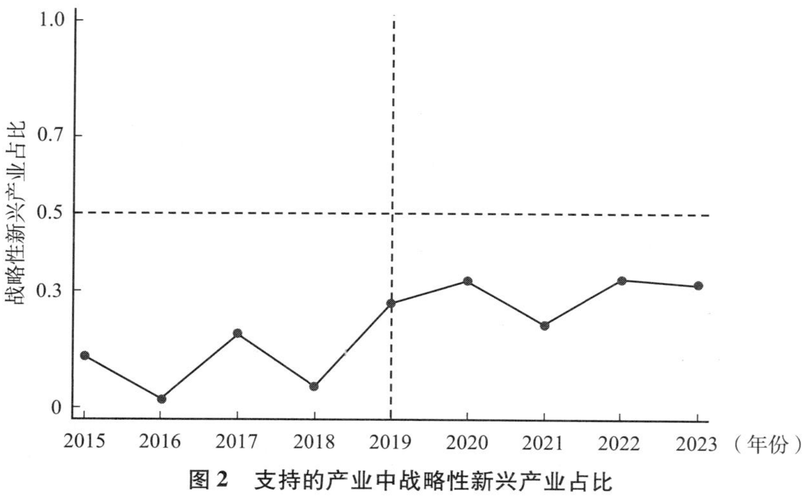

图 2　支持的产业中战略性新兴产业占比

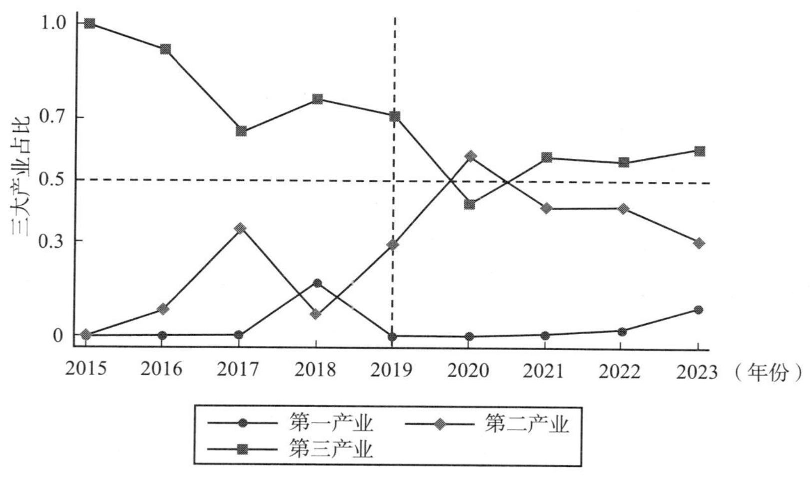

图 3　支持的三大产业的政策条款数占比

综合以上分析，自贸试验区发布的产业政策大部分支持第三产业，尤其是金融及相关产业与旅游业，但自贸试验区支持第二产业的政策数量也在逐年上升，但在大部分年份都低于第三产业的政策数量。同时，自贸试验区对战略性新兴产业的支持力度呈现出逐年上升的趋势，并在 2019 年开始稳定在 30% 的水平。

（三）政策类型的时间趋势分析

为进一步探究中国自贸试验区产业政策中选择性与功能性产业政策的使用情况，本文手动对政策文本中的不同条款进行分类。表 5 呈现了各年中产业政策类型的数量统计。从总量上看，所有产业政策中呈现出选择性的政策条款略多于呈现出功能性的政策条款，表明中国自贸试验区使用产业政策时更加偏好选择性产业政策。从各年的维度看，2017 年与 2019 年呈现选择性特征的政策条款明显多于功能性的条款，这也与这两年的高频词统计结果相符；而 2016 年与 2018 年呈现出功能性特征的条款要明显多于呈现出选择性特征的条款，在其余年份二者基本维持在 1∶1 的水平。

表 5　　政策类型逐年统计

政策类型	年份									总计
	2015	2016	2017	2018	2019	2020	2021	2022	2023	
功能性	29	37	145	118	279	539	632	603	352	2 734
选择性	31	27	225	94	326	529	619	672	358	2 887
总计	60	64	370	212	605	1 068	1 251	1 275	710	5 621

图 4 更为直观地体现了政策类型的占比变化趋势。在 2019 年之前，二者的波动幅度较大，从 2020 年开始，二者占比开始稳定，处于 1∶1 的水平。表 5 和图 4 的结果表明，自贸试验区在制定产业政策时，往往会使用选择性政策条款与功能性政策条款结合的形式；从总体趋势上看，选择性产业政策条款的使用逐年减少，最终与功能性政策条款在 1∶1 的水平维持上下波动。

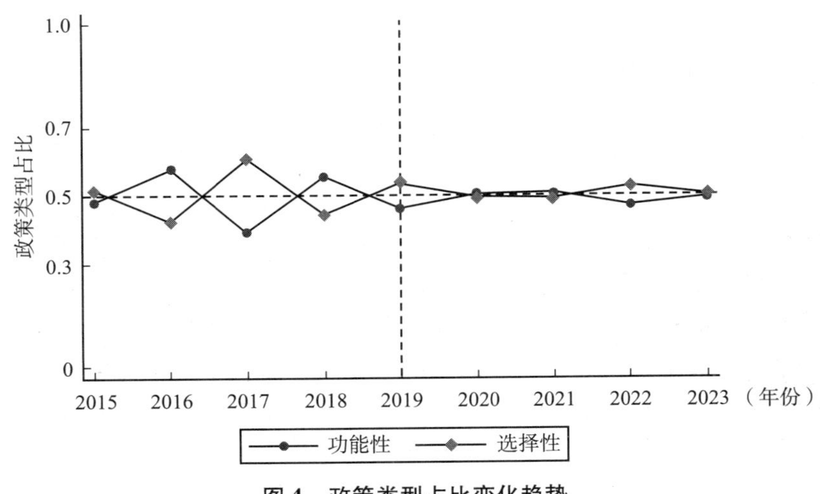

图 4　政策类型占比变化趋势

（四）产业政策主要实践特征小结

根据前文的分析，中国自贸试验区产业政策的主要实践特征可以总结为以下四点：（1）中国自贸试验区偏好使用供给型政策工具与环境型政策工具，其中资金支持是其最常用的政策工具，并且大部分资金支持表现出选择性的特征。（2）中国自贸试验区经历了三次政策关注点的转变，分别是2017年开始对“人才”、2018年开始对“创新”，以及2020年开始对“服务”“平台”“建设”“研发”的关注。（3）从政策支持的具体产业来看，金融及相关产业和旅游业是自贸试验区最为关注的产业；自贸试验区在各年份对第三产业的支持力度要普遍大于第一和第二产业，同时对战略性新兴产业的支持力度呈现逐年上升的趋势。（4）从采取的政策类型来看，自贸试验区使用的选择性产业政策总体上要略多于功能性产业政策，自2020年开始，自贸试验区使用两类政策的数量相对持平。

五、自贸试验区产业政策特征性事实的原因解析

2013年以来，中国经济进入新的发展阶段，经济增长放缓，逐步过渡到“新常态”；同时，国际形势发生深刻变化，发达国家以“再工业化”为目标，发起新一轮科技和产业竞争，正是在这样的国内与国际形势下，中国开始建设自贸试验区。因此，本文将立足于中国在这十年中经济发展的实际情况，试图从理论与实际结合的角度，对自贸试验区产业政策的特征性事实进行解析。

（一）产业政策高频词特征原因解析

前文的政策高频词结果反映出了中国自贸试验区对政策工具使用的偏好特征。罗特韦尔和泽格韦德（Rothwell and Zegveld，1985）的产业政策分析框架将政策工具分为需求型、环境型与供给型。其中，需求型的政策工具着眼于市场的供给侧，通过释放对目标产业的需求来拉动目标产业的发展，如贸易管制、政府采购、对消费者的补贴等，但由于这类政策工具往往通过一次性刺激市场需求，政策会在短期内产生作用，而较难产生持续性影响。供给型的政策工具则直接从供给侧出发，为目标产业直接提供发展所需的各类资源，主要的工具包括资金支持、人才培养与基础设施建设等。环境型的政策工具通过为目标产业提供有利的政策环境来间接拉动目标产业的发展，包括法制管制、公共服务平台的建设等。相较于需求型政策工具，供给型与环境型政策工具的作用效果更具有持续性。不难发现，政策高频词中体现出的产业政策工具大都属于供给型的政策工具与环境型政策工具，而非仅在短期有效的需求型政策工具。

本文认为，中国自贸试验区产业政策对供给型与环境型政策工具的偏好可以从以下两方面来解释：一方面，在自贸试验区建设的前期，产业政策主要支持的产业以金融业为主，而在后期，政策对第二产业，尤其是战略性新兴产业的支持占比呈上升趋势。金融业作为服务业的龙头产业，具有明显的集聚效应，其发展需要政府提供优良的营商环境，吸引优质的金融机构与优秀人才落户。而对战略性新兴产业具有技术选择难度大、投资回报期长、投资风险高的特征，这决定了战略性新兴产业更需要政府补贴来加强资金周转与抗风险能力（李娅和官令今，2022）。这些产业的特点使得供给型与环境型的政策工具能够取得长期且明显的政策效果，在政策工具的采用上有更高的优先级。另一方面，从国际形势与国内情况出发，中国与发达国家的技术竞争愈来愈激烈，提升中国产业的创新能力具有重要意义，因此中国产业政策的重心在于推动产业的研发能力、创新能力的提升以及新技术的扩散（江飞涛和李晓萍，2018），而环境型与供给型产业政策在推动技术创新，实现产业升级和转型方面更具优势。

政策高频词的结果体现出的另一个特征是在 2017 年、2018 年与 2020 年政策关注点的转变：在 2017 年“人才”、2018 年“创新”以及 2020 年“服务”“建设”“平台”“研发”等词分别自当年起出现在各年的政策高频词的前列，这同样可以结合中国当时的现状与国内的政策导向来解释。

自党的十八大以来，中国就高度重视人才的发展机制改革，特别是 2016 年中共中央印发了第一个人才发展机制改革的综合性文件《关于深化人才发展体制机制改革的意见》，为各地加快人才领域的改革创新提出了新的要求；同时，随着中国人口红利的衰减以及经济结构的调整，各大城市纷纷加大对人才的引进力度，自 2017 年开始拉开“人才争夺战”的序幕（喻修远和王凯伟，2019）。因此，自贸试验区自 2017 年开始加大对人才的吸引与培养实则为一种顺应政策要求与国情的选择。

2018 年以来，中美贸易摩擦持续升级，对中国产业的自主创新与转型升级提出了新的挑战；2020 年新冠疫情在全球范围内的暴发引发了全球的供应链危机，对世界经济产生了巨大的冲击。在此情形下，部分发达国家采取经济封锁政策，全球产业链的本土化与区域化趋势不断加剧。面对多变的外部环境，中国不断强调科技创新的重要性，牢牢把握技术与发展的主动权。在 2022 年中央全面深化改革委员会第二十七次会议上，习近平总书记强调，“健全关键核心技术攻关新型举国体制”，“尽快解决一批‘卡脖子’问题”，这要求产业政策更加聚焦对产业自主创新能力的培养，加大对产业研发投入的支持，前文的政策高频词结果表明，近年来中国自贸试验区产业政策正朝着这个方面努力，不断加强对企业创新与技术研发的支持，并积极建设研发中心，为企业研发营造良好环境。

在当今逆全球化的潮流不断兴起的背景下，保障产业链供应链安全对于中国的经济安全与国家安全具有战略性意义。党的二十大报告中指出，要“统筹发展与安全”；2022 年 12 月的中央政治局会议要求，“产业政策要发展和安全并举”，这无疑是对中国产业政策在下一阶段的最新要求。因此，中国自贸试验区产业政策在 2023 年乃至以后的政策关注点，应当更多转向产业链与供应链的安全问题，加强产业链供应链的韧性与安全。

（二）支持产业特征原因解析

中国自贸试验区在建设前期对金融业的重视可以从理论层面与现实层面来进行解析。从理论层面来说，中国各地区的金融发展与地区经济增长具有强相关关系，一个地区长期、稳定、高质量的经济增长离不开当地金融水平的提升（周立和王子明，2002）。高质量的金融发展水平，能够通过促进技术创新、缓解企业融资问题等方面来带动其他产业的发展（潘敏和袁歌骋，2019；沈红波等，2010）。因此，提升中国自贸试验区的金融及相关产业的发展水平，具有重要意义。同时，从现实层面来说，自贸试验区是中国金融高水平开放的试验田，金融改革创新是中国自贸试验区制度创新的一个重要部分，推动当地金融开放本就是自贸试验区的一项重要任务。在第一批与第二批设立的自贸试验区中，上海、深圳、广州与天津等城市的金融实力位居中国前列，当地对金融业的发展本就具有较高的重视程度。因此，不难理解中国自贸试验区在建设前期对金融业的支持力度。

从产业政策对三大产业支持占比的结果来看，支持第二产业的政策条款数不断增长，并于 2019 年开始趋于稳定在 40% 的水平，这离不开中国对制造业发展的高度重视。同时由于战略性新兴产业对经济的带动与引领作用，中国自贸试验区对战略性新兴产业的支持力度也呈逐年上升趋势。目前，中国已然是世界第一制造大国，但中国的制造业仍存在核心竞争力薄弱等问题，战略性新兴产业也处于全球价值链的下游地位，暴露出“高端产业、低端环节、重复建设、低层次竞争”的产业发展矛盾（李娅和官令今，2022）。因此，不断推动制造业的高质量发展，支撑中国从“制造大国”走向“制造强国”，推动战略性新兴产业在全球价值链位置的攀升，是目前的一项重要任务，自贸试验区应当继续推动当地产业的转型升级，实现产业的高质量发展。

（三）政策类型特征的原因解析

自改革开放以来，选择性产业政策一直在中国的产业政策体系中占有较高比重。但从根本上来说，中国的选择性产业政策具有“直接干预市场、以政策部门选择代替市场机制、限制竞争”的缺陷（江飞涛和李晓萍，2010），市场机制的作用在其中被压缩。在2013年，党的十八届三中全会强调，“使市场在资源配置中起决定性作用和更好发挥政府作用”，从产业政策的角度出发，这实际上要求中国的产业政策转向使用市场占据主导地位的功能性产业政策。结合前文对政策类型的占比分析结果可得，在大部分年份，中国自贸试验区在制定产业政策时，使用的选择性产业政策与功能性产业政策数量基本持平，说明中国自贸试验区已经有意在减少对选择性产业政策的使用，转而使用更多的功能性产业政策。这是因为相对于国内的其他地区，自贸试验区具有更大的改革自主权，在改善营商环境、促进贸易与投资便利化、完善市场制度等方面具有天然的政策优势，而这些都属于功能性的产业政策的重要内容，因此，自贸试验区有着更大的动力去实施功能性产业政策。

六、结论和政策建议

（一）研究结论

中国的自贸试验区自设立以来已有十年，十年内，自贸试验区在为“地方谋发展”的目标上做出了许多尝试，其中最重要的方式之一就是通过产业政策引导当地产业的形成与发展。本文通过对中国22个自贸试验区、70个片区自成立以来发布的产业政策进行文本分析，探究自贸试验区发布的产业政策在这十年内的发展演变过程与表现出的实践特征。本文的研究结论如下：

（1）中国自贸试验区自2019年开始发布了更多的产业政策。从政策工具的视角来看，中国自贸试验区偏好使用供给型与环境型的政策工具，特别是资金支持政策工具，使用需求型政策工具较少；同时，自贸试验区产业政策的政策关注点产生了三次转变，分别是在2017年开始更多地关注产业人力资源的培养与引进，2018年开始更加关注产业的创新发展以及2020年开始更多地支持企业的研发环节与公共服务平台的建设。

（2）从产业政策具体支持的产业角度来看：①中国自贸试验区在过去的十年内发布了较多支持金融业与旅游业的产业政策；②从2017年开始，自贸试验区开始逐步增加对战略性新兴产业的支持力度；③自贸试验区对第三产业的支持力度总体上要大于第一产业与第二产业，但自2019年起，支持第三产业与第二产业的条款数开始趋于稳定，分别维持在60%上下和

40%上下。

（3）从产业政策的类型来看，自贸试验区使用的选择性产业政策在总体上略多于功能性产业政策，在2020年之前，各年度使用选择性与功能性产业政策并未呈现出具体的规律，但自2020年开始，选择性与功能性的产业政策基本保持在1∶1的水平。

（二）政策建议

根据本文的研究结论，提出如下政策建议：

第一，自贸试验区要使用更加丰富的政策工具来促进产业的发展，并减少选择性产业政策的使用。目前自贸试验区主要使用的是供给型政策工具中的资金支持，而这种资金支持在大多数情况下都表现出选择性的特征，从长期来看并不利于市场机制的完善。因此，自贸试验区应当继续减少对选择性产业政策的使用，避免政府过度干预，增加更具普惠性的功能性产业政策，使用多样化的政策工具，从而更好地发挥市场机制的资源配置作用，激发市场活力，为产业发展营造公平的竞争环境。

第二，自贸试验区要发挥产业政策的“安全”功能，做到产业政策“发展和安全并举”。面临复杂多变的国际环境，提升产业链供应链的韧性与安全水平，是构建现代化产业体系的重要基础。自贸试验区应当加速转换产业政策的政策关注点，从产业链的研发环节出发，推动数字技术与产业链的深度融合，攻克核心技术“卡脖子”的难题，进一步加强产业链、供应链的竞争力和抗风险能力。

第三，党的二十大指出，要实施自贸试验区提升战略，这要求自贸试验区探索有利于巩固优势产业领先地位，推动战略性新兴产业融合集群发展（钱学锋和王备，2023）。当前中国自贸试验区支持战略性新兴产业的政策数量占比虽然呈现逐年上涨的趋势，但总体的水平维持在30%上下，占比仍较低，各自贸试验区应当立足当地的实际，充分发挥当地优势产业的带动作用，加大对战略性新兴产业的培育力度，加快建设现代化产业体系，以政策创新服务企业，引领新产业新模式的发展壮大。

第四，自贸试验区应当加快完善产业政策的评估机制。产业政策的实施效果如何取决于政策中采取的机制和措施，但目前来说，自贸试验区的产业政策缺少一个相对完善的评估机制，这导致很难根据政策的实施效果来判断政策机制与措施的好坏，从而不利于政策的进一步改进与实施。自贸试验区要提升产业政策实施与评估的精准度，更好地服务当地的产业发展，实现真正地“为地方谋发展”。

附录：

表 A. 1 特征词“企业”邻词及词频

单词	邻词总次数	左邻词	左邻次数	左邻词排序	右邻词	右邻次数	右邻词排序
给予	566	给予企业	208	4	企业给予	358	1
奖励	492	奖励企业	341	2	企业奖励	151	6
支持	421	支持企业	389	1	企业支持	32	9
年度	359	年度企业	22	8	企业年度	337	2
鼓励	287	鼓励企业	259	3	企业鼓励	28	10
补贴	266	补贴企业	187	5	企业补贴	79	7
超过	232	超过企业	166	6	企业超过	66	8
机构	220	机构企业	29	7	企业机构	191	3
最高	207	最高企业	20	9	企业最高	187	5
开展	204	开展企业	14	10	企业开展	190	4

表 A. 2 特征词“企业”邻词及词频

单词	邻词总次数	左邻词	左邻次数	左邻词排序	右邻词	右邻次数	右邻词排序
平台	140	平台建设	134	1	建设平台	6	7
支持	120	支持建设	49	6	建设支持	71	1
加快	98	加快建设	68	3	建设加快	30	5
基础设施	84	基础设施建设	83	2	建设基础设施	1	10
投资	67	投资建设	61	4	建设投资	6	7
推动	62	推动建设	24	8	建设推动	38	4
鼓励	59	鼓励建设	15	9	建设鼓励	44	3
企业	58	企业建设	39	7	建设企业	19	6
基地	55	基地建设	51	5	建设基地	4	9
运营	51	运营建设	1	10	建设运营	50	2

参考文献

1. 陈晓红，李杨扬，宋丽洁等. 数字经济理论体系与研究展望［J］. 管理世界，2022，38（2）：13－16＋208－224.

2. 戴小勇，成力为. 产业政策如何更有效：中国制造业生产率与加成率的证据［J］. 世界经济，2019，42（3）：69－93.

3. 丁宏．新一轮自贸试验区制度创新的趋势与路径研究［J］. 江苏社会科学，2020（4）：121－127＋243－244.

4. 高恩新．跨层级事权约束下自贸区政府管理体制调适逻辑——以21个自贸区为例［J］. 苏州大学学报（哲学社会科学版），2021，42（6）：30－37.

5. 江飞涛，李晓萍．改革开放四十年中国产业政策演进与发展——兼论中国产业政策体系的转型［J］. 管理世界，2018，34（10）：73－85.

6. 江飞涛，李晓萍．直接干预市场与限制竞争：中国产业政策的取向与根本缺陷［J］. 中国工业经济，2010（9）：26－36.

7. 黎绍凯，李露一．自贸区对产业结构升级的政策效应研究——基于上海自由贸易试验区的准自然实验［J］. 经济经纬，2019，36（5）：79－86.

8. 李世杰，赵婷茹．自贸试验区促进产业结构升级了吗？——基于中国（上海）自贸试验区的实证分析［J］. 中央财经大学学报，2019（8）：118－128.

9. 李晓钟，叶昕．自贸试验区对区域产业结构升级的政策效应研究［J］. 国际经济合作，2021（4）：46－53.

10. 李娅，官令今．规模、效率还是创新：产业政策工具对战略性新兴产业作用效果的研究［J］. 经济评论，2022（4）：39－58.

11. 刘学新，马君潞．自贸区建设发展中的中国产业政策与产业竞争力［J］. 现代管理科学，2014，（5）：32－35.

12. 潘敏，袁歌骋．金融中介创新对企业技术创新的影响［J］. 中国工业经济，2019（6）：117－135.

13. 彭文生．能源供给冲击下的全球绿色转型［J］. 国际金融，2022（9）：3－14.

14. 钱学锋，王备．实施自由贸易试验区提升战略的三重视角［J］. 金融市场研究，2023（7）：1－13.

15. 沈红波，寇宏，张川．金融发展、融资约束与企业投资的实证研究［J］. 中国工业经济，2010（6）：55－64.

16. 盛斌．中国自由贸易试验区的评估与展望［J］. 国际贸易，2017（6）：7－13.

17. 王文涛．努力建设更高水平自贸试验区［N］. 人民日报，2023－11－06.

18.［日］小宫隆太郎，奥野正宽，铃村兴太郎．日本的产业政策［M］. 北京：国际文化出版公司，1988.

19. 叶光亮，程龙，张晖．竞争政策强化及产业政策转型影响市场效率的机理研究——兼论有效市场与有为政府［J］. 中国工业经济，2022（1）：

74 – 92.

20. 喻修远，王凯伟．城市人才争夺：问题生成、利弊博弈与化解策略［J］. 中国行政管理，2019（3）：88 – 92.

21. 周金凯．自贸试验区与 RCEP 产业合作的分析路径与实施策略［J］. 当代经济管理，2022，44（11）：69 – 76.

22. 周立，王子明．中国各地区金融发展与经济增长实证分析：1978 – 2000［J］. 金融研究，2002（10）：1 – 13.

23. Hanson E C, Rothwell R, Zegveld W. Industrial innovation and public policy: preparing for the 1980s and the 1990s [J]. American Politicalence Review, 1981, 76 (3): 699.

24. Juhász R, Lane N J, Rodrik D. The new economics of industrial policy [R]. National Bureau of Economic Research, 2023.

25. Lall S. Comparing national competitive performance: An economic analysis of World Economic Forum's competitiveness index [J]. QEH, WP, 2001, 61.

Industrial Policy in China's Pilot Free Trade Zones: Review and Prospects

Qian Xuefeng　He Chenjie

[**Abstract**] China's Pilot Free Trade Zone has reached the tenth anniversary since the establishment in 2013. Over the past ten years, the Pilot Free Trade Zone has taken institutional innovation as the core, tested institutions for the country and sought development for the localities, and at the same time issued a large number of industrial policies. We, for the first time, comb through the industrial policies issued by China's 21 Pilot Free Trade Zones since their establishment through the method of textual analysis, and explore the practical characteristics presented in the process of their development and evolution. We find that China's Pilot Free Trade Zone has generally released more industrial policies since 2019, and has experienced three shifts in policy focus in 2017, 2018 and 2020. In terms of policy tools, China's Pilot Free Trade Zone prefers to use supply-type and environment-type policy tools, and uses fewer demand-type policy tools; from the perspective of specific industries supported, China's Pilot Free Trade Zone's support for strategic emerging industries shows a rising trend year by year, but the overall proportion remains around 30%, and the support for the tertiary industry is greater than that for the primary and secondary industries; from the perspective of the choice of industrial policy type, the selection of industrial policy type is more important than that of the primary and secondary industries. From the perspective of the choice of industrial policy types, the use of selective industrial policy is slightly more than that of functional industrial policy, but the number of the two is maintained at the level of 1∶1 in most years. Based on this, this paper argues that reducing the use of selective industrial policies, utilizing the "security" function of industrial policies, promoting the integration and cluster development of strategic emerging industries, and improving the evaluation mechanism of industrial policies may become the key points of focus for high-quality industrial development in China's Pilot Free Trade Zones in the future. This paper is the first attempt to analyze the industrial policies issued by China's Pilot Free Trade Zones in the past ten years, and it provides theoretical references and policy suggestions for China to accelerate the implementation of its Pilot

Free Trade Zones' upgrading strategy, to promote the transformation and upgrading of local industries, and to build a modernized industrial system.

[**Key Words**] Pilot Free Trade Zone; Industry Policy; Textual Analysis

JEL Classifications: F15

中国（上海）自由贸易试验区十年建设脉络和作用发挥

孙元欣*

【摘　要】本文分析了上海自贸试验区建设的两个背景、国家给予的改革任务、制度创新成果三种类型、十年建设脉络、“全国率先和全国标杆”作用发挥等。围绕实施自贸试验区提升战略，笔者建议如下：第一，在服务贸易、政府采购、知识产权、环境、数据跨境流动等方面，稳步扩大制度型开放。第二，集聚力量进行原创性引领性科技攻关，形成新的科技创新制度体系。第三，推动新一轮金融开放创新，助推上海国际金融中心建设。第四，数字赋能和打造数字自贸试验区。第五，服务国家战略，助推长三角一体化和区域协调发展。第六，完善自贸试验区统计制度，用数据讲好自贸区和中国故事。

【关键词】**中国（上海）自由贸易试验区　制度创新　建设脉络　提升战略**

一、上海自贸试验区建设的两个背景

建设中国自由贸易试验区是党中央、国务院在新形势下全面深化改革和扩大开放的一项战略举措，是国家战略需要。自贸试验区肩负着中国全面深化改革和扩大开放探索新途径、积累新经验的重要使命。

2013 年 9 月，上海自贸试验区率先建设，其建设背景有两个方面：

一是全面深化改革的顶层设计。自 1978 年始，中国实施改革开放政策，经过 30 多年的改革，至 2013 年，中国国内生产总值已经达到了全球第二，贸易规模达到了全球第一。中国共产党十八届三中全会《中共中央关于全面

* 孙元欣，上海财经大学教授，中国自由贸易试验区协同创新中心首席专家。邮箱：yuanxin@mail. shufe. edu. cn。通信地址：上海市天山路 209 弄 4 号 601 室，邮政编码：200336。

深化改革若干重大问题的决定》（以下简称《决定》）提出了全面深化改革的任务。全面深化改革，经济领域是核心，要发挥市场资源配置的决定性作用，同时，应更好地发挥政府的作用。

《决定》提出了16个方面60项措施，与自贸试验区相关的有构建开放型经济新体制、扩大开放、加快转变政府职能、加快完善现代市场体系等内容。例如，《决定》提出“推进金融、教育、文化、医疗等服务业领域有序开放，放开育幼养老、建筑设计、会计审计、商贸物流、电子商务等服务业领域外资准入限制，进一步放开一般制造业”。自贸试验区外资准入负面清单从2013版到2021版，遵循这一开放路径，对外资准入限制禁止措施从190条缩减为27条，制造业领域的限制禁止措施从63条缩减为零，开放度不断提高。

二是中美双边投资协定谈判和国际经贸新规则。中美双边投资协定（Bilateral Investment Treaty，BIT）谈判自2008年启动后，持续5年多。2013年7月，在第五轮中美战略与经济对话中，双方同意以准入前国民待遇和负面清单为基础，开展实质性谈判。然而，当时我国对“外资准入负面清单”还不熟悉、没有试行过，缺乏规范文本，亟须开展探索试点。

还有，《跨太平洋伙伴关系协定》（Trans – Pacific Partnership Agreement，TPP)》、《跨大西洋贸易与投资伙伴关系协定》（Transatlantic Trade and Investment Partnership，TTIP）等，提出了许多国际经贸新规则，如贸易便利化、高标准投资自由化、金融服务、跨境服务贸易、电子商务、竞争中立、国有企业、环境、劳工、知识产权、争端解决机制等，这些也需要试点和实践。

自贸试验区是国家改革开放的一个综合试验平台（王新奎，2014；龚柏华，2013；李光辉，2017；殷凤和龙飞扬，2019）。中国国土辽阔，推进重大改革需要先期开展局部试验，如果试验成功，然后复制推广，这样既积极又稳妥，是一种大国方略。在建设初期，上海自贸试验区曾明确提出“三是三不是”：自贸试验区是国家的“试验田”，不是地方的自留地；是改革开放的高地，不是政策优惠的洼地；是“苗圃”，不是盆景。如今，“苗圃”已经长成“森林”。

二、国家给予的改革任务和制度创新成果类型

（一）国家给予的改革任务

自贸试验区改革的主要路径是制度创新。制度是指人际交往中的规则设计，包括规制、规则、程序、流程等，以及社会组织结构和运作机制。通过

制度创新，降低制度性交易成本，从而激发市场活力，促进经济发展。

国家层面对上海自贸试验区下达改革任务，主要有两个途径：一是国务院直接下达改革任务；二是国家下达给上海市的改革任务，自贸试验区作为城市经济的主要承载区，承接和率先贯彻落实。

自2013年以来，国务院颁布了上海自贸试验区总体方案、“深改方案”和“全改方案”，以及上海自贸试验区临港新片区总体方案等重要文件。

2013年9月，国务院印发《中国（上海）自由贸易试验区总体方案》，改革任务有五个方面，即加快政府职能转变、扩大投资领域的开放、推进贸易发展方式转变、深化金融领域的开放创新、完善法制领域的制度保障。另外，还提出营造相应的监管和税收制度环境。实施范围是上海综合保税区28平方公里。

2015年4月，国务院印发《进一步深化中国（上海）自由贸易试验区改革开放方案》，首次提出“深化科技创新体制机制改革”“加大金融创新开放力度，加强与上海国际金融中心建设的联动”。上海自贸试验区从综合保税区拓展到保税、金融、高科技、高端制造业等片区，面积从28平方公里拓展为120平方公里。

2017年3月，国务院印发《全面深化中国（上海）自由贸易试验区改革开放方案》，提出“三区一堡”改革任务，即建设开放和创新融为一体的“综合改革试验区”、建立开放型经济体系的“风险压力测试区”、打造提升“政府治理能力的先行区”；服务国家“一带一路”建设的“桥头堡”。首次提出“改革系统集成”“制度集成创新”概念，以及“设立自由贸易港区”。

2019年7月，国务院印发《中国（上海）自由贸易试验区临港新片区总体方案》，提出参照经济特区管理，建立特殊经济功能区，建立“五个自由一个便利”制度体系，即投资自由、贸易自由、资金自由、国际运输自由、人员从业自由和国际数据有序流动便利。建设开放型产业体系，含集成电路、人工智能、民用航空、绿色再造的前沿产业集群、新型国际贸易、高能级全球航运枢纽、跨境金融服务等，规划面积873平方公里、先行启动区120平方公里。

国务院还给予了上海自贸试验区许多专项任务，如2013～2015年期间的服务业扩大开放（两轮）、“证照分离”改革、“一业一证”改革等，还有国家各部委下达的多个领域的改革任务，如海关、检验检疫、金融、财税、交通、文化、电信、市场监督等。

（二）三种类型制度创新成果

十年来，全国已有21个省份先后参与建设自贸试验区，共有67个片区，产业涵盖从早期的综合保税区，拓展到高科技、金融、高端制造业、海洋经济、总部经济、交通枢纽、农业、旅游、边境贸易、服务贸易、数字经济、市场采购等，改革内容十分丰富，超越了国际上的FTZ（Free Trade Zone）自由贸易园区，展现了中国特色。

十年来，自贸试验区推进“首创性、集成化和差异化”改革，开展基础性、全系统、全流程、聚焦产业等多种类型的制度创新，形成了三种类型的制度创新成果，即改革试点经验、“最佳实践案例”和企业创新案例。其中，前两类的行为主体是政府部门，并由政府部门总结发布；企业创新案例的行为主体是企业，通常由第三方机构或园区管委会总结发布，见表1。

表1　改革试点经验、最佳实践经验和企业创新案例

类型内容	改革试点经验	最佳实践案例	企业创新案例
举例	商事登记改革	国际贸易“单一窗口”	再保险经纪合资企业
发布机构	国务院、国家部委、省市政府部门	国务院自贸试验区工作部际联席会议办公室、省市政府部门	自贸试验区管委会、第三方机构（如研究机构）等
行为主体	政府部门	政府部门	企业
主要特点	单个改革领域，投资、贸易、金融、事中事后监管、海关监管等	系统集成创新。制度创新性强、市场主体反应好、具有一定系统集成特点	围绕新的改革政策措施，企业实际应用，并取得实效，为其他企业做示范
内容篇幅	100~200字	2 500~3 000字	2 500~3 000字
推广范围	全国；海关监管区	全国范围，适用产业	适用产业
作用	可复制推广、可借鉴	可复制推广、可借鉴	“领头羊”效应

资料来源：参考国务院有关文件内容和全国自贸试验区改革经验，笔者自行编制。

据统计，迄今国家层面发布的改革试点经验和最佳实践案例，共有302项。其中，改革试点经验241项，包括国务院发函等方式推广的共7批167项，国家部委复制推广的74项；最佳实践案例61个，由国务院自由贸易试验区工作部际联席会议办公室总结印发的共4批。另外，地方层面自行复制推广的经验案例约有3 400多项。自贸试验区对于全国改革开放和产业升级发挥了重要作用（裴长洪，2023；谢申祥等，2022；刘海燕，2021）。

三、上海自贸试验区十年建设脉络

上海自贸试验区建设脉络，是指改革过程、路径依赖和主要方法。十年来，上海自贸试验区在中央的指导下，善于寻找各个时期的改革突破口，善作善成，形成了行之有效的方法，其主要内容有：

第一，“中央顶层设计 + 基层创新实践”相结合。中央顶层设计是指中央战略部署和政策文件要求，这体现了国家战略、国家需求；基层创新实践是指结合发展实际，不断深化细化，并在实践中反复检验和优化。改革试点工作做到有创新、有突破、有成果、有案例，形成了一批可复制、可推广的经验做法。

第二，问题导向、需求导向、目标导向和风险防范。问题导向是指善于发现问题，通过问题的解决，取得成效和推进改革。需求导向、目标导向是指有明确的目标和结果导向，要倾听企业意见，了解企业发展的“急难痛”。上海自贸试验区有一句名言，企业需求就是我们的改革方向。同时，要有风险防范意识，要守住“底线”，如金融风险。上海自贸试验区建设十年，没有发生过系统性风险。

第三，采用增量改革方法，持续推进“物理扩区”和“功能扩区”。上海自贸试验区从早期的综合保税区 1.0 版，拓展到“保税 + 金融 + 高科技 + 制造业 + 总部经济”2.0 版，然后拓展到开放型产业体系的临港新片区 3.0 版。通过试验区面积增加，扩大产业容量和覆盖，形成新功能、新任务、新人员，符合时代发展需要。这种增量型改革，能够充分调动干部改革的积极性，避免“改革推进疲劳症”。

第四，注重发挥智库作用，研究在先，谋定后动。例如，上海自贸试验区的设立，是有前期研究成果支撑的，如“浦东新区发展战略研究”曾提出建设“自由贸易区”，并得到国务院认可和商务部组织的立项研究。再如，积极筹办和组织“智库”，为改革推进出谋划策。上海自贸试验区挂牌成立之前约 6 个月，上海财经大学根据上海市政府的要求，先期组织专家参与研究，笔者有幸在此时加入，重点开展外资准入负面清单研究。上海财经大学还先后成立了自由贸易区研究院和中国自由贸易试验区协同创新中心。

四、上海自贸试验区的作用发挥

（一）全国率先作用

若将全国 22 家自贸试验区先后加入比喻为“雁阵”，上海自贸试验区是“领头雁”。上海自贸试验区的作用发挥，可用八个字表述“全国率先、全国标杆”。

全国率先作用，不仅表现为建设最早和国务院出台文件最多，还表现为率先形成改革领域框架和率先推进。

十年来，上海自贸试验区率先形成制度创新改革领域框架。2013 年形成了“五大改革领域”，即政府职能转变、投资管理体制、贸易便利化、金融开放创新、完善法治环境等；2015 年形成“七大改革领域”，新增科技创新和服务国家战略两大领域；2019 年形成“五自由一便利”制度框架，运用于临港新片区和海南自由贸易港；2022 年实施自贸试验区提升战略。

十年来，上海自贸试验区率先对标国际高标准经贸规则、推进高水平制度型开放，增强全球资源要素配置能力，取得了一系列制度创新成果。发布中国首份外资准入负面清单，实施外商投资备案管理，形成相应的管理模式；在贸易、金融、制造、高科技等数十个开放领域，落地一大批全国首创性的外商投资项目；创设自由贸易账户体系，开展本外币一体化运作；开展“证照分离”“照后减证”“一业一证”等试点；建立社会信用体系，推进以信用为核心的市场监管新模式；实施自贸试验区和国家自主创新“双自联动”；建设服务“一带一路”建设的桥头堡；营造国际化、市场化和法治化营商环境。

制度创新激发了企业和市场活力。在上海自贸区建设的带动下，截至 2022 年底，浦东新区累计新设外资项目 18 691 个，累计外资注册资本 2 172.74 亿美元，累计实到外资 749.94 亿美元，浦东新区 2022 年实现地区生产总值 1.6 万亿元，分别是 2013 年的 2.3 倍、2.5 倍、2.3 倍、1.9 倍，以全国 1/8 000 的面积创造了 1/74 的 GDP。①

（二）全国标杆作用

“全国标杆”作用，主要表现为经验案例、自贸片区示范、推动城市发展和长三角一体化发展等方面。

形成一大批具有标志性的改革经验案例。国家层面复制推广的 302 项制度创新成果中，近一半来自上海首创或同步先行先试。国务院发布的 61 个最佳实践案例中，上海有 5 个，即国际贸易“单一窗口”、推进信用信息应用加强社会诚信管理、“证照分离”改革试点、药品上市许可持有人制度试点、打造高能级人才服务综合体。其中，上海国际贸易“单一窗口”服务企业数超过 60 万家，支撑了全国超 1/4 货物贸易量的数据处理，每年为企业节省成本约 20 亿元，见表 2。

五大片区经济实力雄厚，具有很强示范性。其中，保税片区（含外高桥

① 上海自贸区发布 10 周年白皮书：累计新设企业 8.4 万户，中华人民共和国中央人民政府网站，2023 年 9 月 20 日。

港和洋山深水港）集装箱吞吐量超过 4 000 万个标箱/年，连续多年全球排名第一，并拥有全国首个全自动港口码头。上海口岸承担了全国约 1/4 货物进出口额。陆家嘴片区是上海国际金融中心的核心承载区，拥有上海证券交易所、上海期货交易所、上海保险交易所等 13 家金融要素市场，持牌类金融机构超过 1 000 家。张江高科技片区在全国科技园区中排名前列。临港新片区构建世界级产业集群，涵盖集成电路、航天航空、生物医药、人工智能、绿色再造、装备制造的重要产业。

促进长三角一体化的进程。上海、江苏、浙江、安徽三省一市自贸试验区开展协同创新，已经形成两批共 22 个制度创新案例，如“创新多式联运协同监管服务模式”“打造联动接卸江海联运新模式”“长三角系列债券指数推动债券市场一体化发展”，合力打造长三角一流营商环境。推进政务服务“一网通办”和“跨省通办”，长三角三省一市已有 30 类电子证照共享互认，实现 140 项服务事项跨省通办，给居民往来，要素流动和企业发展提供了方便（庞超然等，2021；夏骥，2020）。

表 2　上海自贸试验区的 5 个最佳实践案例

序号	案例名称	批次时间	问题导向和主要做法
1	国际贸易“单一窗口”	第一批 2015 年 11 月	使外贸企业能够通过一个入口，向有关政府部门一次性提交货物进出口或转运所需要的单证或电子数据，并接收审查状态和结果信息，以解决重复申报和提交单证的问题
2	推进信用信息应用，加强社会诚信管理	第一批 2015 年 11 月	在全市公共信用信息服务平台的基础上，建立了自贸试验区信用子平台，实现了信息归集查询、信用联动监管、信用监测预警、信用市场培育等功能
3	“证照分离”改革试点	第二批 2017 年 7 月	通过改革审批方式和加强事中事后监管，进一步完善市场准入，使企业办证更加便捷高效，以解决“先照后证”后市场主体办证难的问题
4	药品上市许可持有人制度试点	第三批 2019 年 7 月	根据现行《药品管理法》，我国对国产药品实行上市许可与生产许可合一的管理模式，仅允许药品生产企业取得药品批准文号。这种“捆绑”模式，不利于鼓励创新研发
5	打造高能级人才服务综合体	第四批 2021 年 6 月	建成浦东国际人才港，以最高效率、最优服务、最佳体验打造人才服务的“超级综合体”，不断优化人才服务综合环境，已服务海内外人才近 24 万人次

五、上海自贸试验区实施提升战略和建议

党的二十大报告提出，实施自由贸易试验区提升战略。面向未来，上海自贸试验区将强化使命担当，解放思想、勇于突破、对照最高标准、查找短

板弱项，找准改革突破口，继续发挥“全国率先和全国标杆”的作用。

新时期，国家给予上海自贸试验区许多新任务。2023 年 6 月，国务院印发《关于在有条件的自由贸易试验区和自由贸易港试点对接国际高标准推进制度型开放的若干措施》，率先在上海、广东、天津、福建、北京等地实施。商务部制定《自贸试验区重点工作清单（2023 – 2025 年）》，上海自贸试验区有 8 项重点工作，含营商环境、总部经济、金融中心、前沿产业集群、数字经济、油气交易和国际航运枢纽等。国家发改委已将“实施自由贸易试验区提升战略，制定出台《中国（上海）自由贸易试验区及临港新片区建设行动方案》，作为 2023 年国家层面的一项工作。

上海自贸试验区提升战略将有更高战略定位。对接国家要求，结合上海城市“五个中心”建设，发挥上海国际大都市的优势，实现“自贸试验区 + 特殊经济功能区”的叠加。聚焦开放度要求高、其他地区尚不具备实施条件的重点领域，实施新的开放政策，加大开放型经济的风险压力测试。

为完成上述新任务，笔者提出相关建议：

第一，在服务贸易、政府采购、知识产权、环境、数据跨境流动等方面，稳步扩大制度型开放。国家将出台更加开放的外资准入负面清单、自贸试验区和全国版跨境服务贸易负面清单，上海应有相关政策预期和项目储备，探索试点跨境服务贸易管理新模式。聚焦政府采购、知识产权、环境等重点领域，构建相应制度体系和监管模式。对标 CPTPP 和 DEPA，实施《网络安全法》《数据安全法》和《个人信息保护法》等新法律，加强“重点行业跨境数据流动试点”，形成数据跨境流动的相关制度、操作方法和服务平台，试点范围从临港新片区拓展到上海自贸试验区全域。

第二，集聚力量进行原创性、引领性科技攻关，形成新的科技创新制度体系。构建集成电路、生物技术、航天航空、人工智能、新能源、新材料、绿色环保等一批新的增长引擎，实现从“0”到“1”的创新，突破国家“卡脖子”领域。发挥现有国家级科技创新基础设施的作用，开展跨地区的共享、合作和创新。争取国家授予新药、新医疗器械、新医疗领域的特许授权，以及其他重点产业的授权。发挥临港新片区、张江片区、保税片区的综合优势，实现“制度创新、科技创新和产业创新”的融合，更好地支撑上海建设具有全球影响力的科技创新中心。

第三，推动新一轮金融开放创新，助推上海国际金融中心建设。前期自贸试验区金融领域改革，围绕对外资开放、允许设立民营银行、自由贸易账户、服务实体经济、有序开放资本项目可兑换、实施资金便利收付的跨境金融管理制度（临港新片区）等。新一轮金融开放创新的重点，含有序推进人民币国际化、跨境金融服务、离岸金融、本外币一体化账户、建设金融新功能平台等，临港新片区的金融自由政策，可拓展到上海自贸试验区全域。

第四，数字赋能和打造数字自贸试验区。发挥数字赋能对培育新模式和产业发展的推动作用，建设新一代国际通信基础设施，加快 IPv6、云计算、物联网、车联网等新一代信息基础设施建设，提升区内宽带接入能力、网络服务质量和应用水平；有序扩大通信资源和业务开放；打造数字经济发展示范区、建设完善数字交易所；探索实践符合国情的数字贸易发展规则，打造数字一体化监管服务平台。

第五，服务国家战略，助推长三角一体化和区域协调发展。发挥长三角三省一市自贸试验区联盟的作用，开展跨省市、集成化、系统化的制度创新。提升国际贸易“单一窗口”长三角地区全覆盖、江海港口联运协同、长三角金融债券指数、石油和天然气的期货现货联动、长三角 G60 跨区域科技创新产业链、知识产权保护、网络市场监管和国际专业证书互认互通等方面的水准，持续完善提升上海口岸的服务功能。

第六，完善自贸试验区统计制度，用数据讲好自贸区和中国故事。精准数据统计是精准施策的依据。例如，2022 年全国实现进出口贸易额的市场主体分布，民营企业占比 50.9%，国有和外资企业分别占比 16.1%、32.9%。2022 年上海实现进出口贸易额的市场主体分布，外资企业占比 61.1%，民营和国有企业分别占比 29.4%、9.5%，二者存在差异。准确的统计数据是精准施策的依据。①

参考文献

1. 龚柏华．“法无禁止即可为”的法理与上海自贸区“负面清单”模式［J］．东方法学，2013（6）．

2. 李光辉．自由贸易试验区——中国新一轮改革开放的试验田［J］．国际贸易，2017（6）．

3. 刘海燕．深化自贸试验区建设背景下航运相关产业发展研究——以上海自贸试验区为例［J］．上海经济，2021（5）．

4. 庞超然，林源，张爽，杜奇睿．上海自贸试验区临港新片区制度集成创新研究［J］．科学发展，2021（8）．

5. 裴长洪．我国设立自由贸易试验区十周年：基本经验和提升战略［J］．财贸经济，2023（7）．

6. 王新奎．中国（上海）自贸试验区改革的重点：对外商投资准入实施“负面清单”管理［J］．上海对外经贸大学学报，2014（1）．

7. 夏骥．上海自贸试验区临港新片区引领长三角更高质量一体化发展［J］．科学发展，2020（3）．

① 国务院新闻办就 2022 年全年进出口情况举行发布会，中华人民共和国中央人民政府新闻办网站，2023 年 1 月 13 日。

8. 谢申祥，王晖，范鹏飞．自由贸易试验区与企业出口产品质量——基于上海自贸试验区的经验分析［J］．中南财经政法大学学报，2022（3）．

9. 殷凤，龙飞扬．上海自贸试验区深化金融开放创新对策［J］．科学发展，2019（3）．

The Ten-year Construction Process and Role of China（Shanghai）Free Trade Pilot Zone

Sun Yuanxin

[**Abstract**] This article analyzes the two backgrounds of the construction of China (Shanghai) Free Trade Pilot Zone, the reform tasks given by the state government, the three types of institutional innovation achievements, the ten-year construction context, and the role of "being the first and benchmark in the country". Regarding the implementation strategy, the author suggests: Firstly, steadily expanding institutional openness; Secondly, form a new system of technological innovation; Thirdly, promote a new round of financial openness and innovation, and promote the construction of Shanghai International Financial Center. Fourthly, digital empowerment and the creation of digital free trade pilot zones. Fifthly, serve national strategies, promote the integration of the Yangtze River Delta. Sixthly, improve the statistical system and use data to tell the story of free trade zones and China.

[**Key Words**] China (Shanghai) Free Trade Pilot Zone　Institutional Innovation　Construction Context　Improvement Strategy

JEL Classifications: F15

中国自贸试验区的产业发展：比较研究

苏庆义　郑继铭[*]

【摘　要】中国设立自贸试验区的三大目的是制度创新、深化改革和产业发展。本文注重对自贸区产业发展作用的分析。一方面，比较各大自贸区产业异同；另一方面，比较自贸区与原有的经济开发区的产业区别。本文通过对各大自贸区的横向对比发现，各自贸区的产业往往注重高端产业，高技术制造业与现代服务业并重，而且有些高端产业是各自贸区共同追求的发展对象。从自贸区与开发区的纵向对比来看，开发区引进产业往往是为了促进经济增长，而自贸区是为了高质量发展。自贸区与开发区的政策也存在差异，自贸区注重制度创新，开发区则主要使用政策优惠。本文还以上海自贸区为案例进行了分析。

【关键词】**产业发展　经济开发区　招商引资　制度创新　高端产业**

一、引　言

自2013年上海自由贸易试验区（自贸区）成立以来，我国已陆续设立了22个自贸区（自贸港），形成了覆盖全国的试点布局，推出了一系列制度创新成果。并在此基础上培育和创建了众多引领地区发展的产业，为推进高质量发展作出了重要贡献。

与之前设立的各种经济特区或经济开发区不同，自贸区承载着加快政府职能转变、探索管理新模式、促进贸易和投资便利化的重要任务。自贸区在发展定位和政策制定方面具有很大程度的自主性，可以充分利用自身的地理位置和特色优势以及结合地方特色、人文特点，开展多种制度创新，并将制

---

* 苏庆义，中国社会科学院世界经济与政治研究所研究员、国际贸易研究室副主任；郑继铭，中国社会科学院大学国际政治经济学院研究生。

度成果复制到全国范围。自贸区建设作为重大国家战略，其目的不外乎以下三个：

第一，以制度创新为核心，促进制度型开放。与传统的开发区相比，自贸区最大的特点在于并非单纯以经济增速来衡量其对经济发展的作用，而更加注重经济发展的质量。十年来中国自贸区各片区所取得的巨大成就充分体现了自贸区制度创新给当地经济所带来的发展变化，包括对当地营商环境、市场主体、要素集聚以及自然环境等因素所带来的巨大改变。以营商环境为例，在过去的十年中，自贸区的制度建设更注重于探索和构建公平、透明、可预测的市场环境，自贸区通过一系列制度创新，显著改善了营商环境。

第二，以开放的制度加快改革的步伐。党的二十大报告再次提出，要积极推动制度型开放，逐步扩大制度型开放范围，包括规则、规制、管理标准等方面的制度开放。制度型开放与传统的货物贸易开放不同，制度型开放层级更高，涵盖面更广，在规则和管理体制方面要求更为严格（缪晓琴，2023）。不论是积极响应和引领全球经贸规则朝着更高标准发展，还是推动新一轮全球经济一体化，中国都需要进一步协调国内制度和规则，这意味着通过国内改革来对标高标准国际经贸规则。在国内改革进入深水区时，外部压力能够起到倒逼改革的作用。

第三，以改革开放促进产业发展。自贸试验区不断进行制度创新，全面深化改革，最终要落实到自贸区产业发展上来。按照党中央的整体部署，自贸区积极推进创新举措，将更多改革举措优先放在自贸区进行试点。围绕其战略定位和产业优势，深入进行差异化的探索，建设了一系列世界领先的产业集群，促进融资租赁、保税维修、跨境电商等新兴业态的迅速发展，成为高质量发展的典范和引领者。并在此基础上，不断提高开放水平，积极对接国际经贸规则，持续扩大市场准入，同时增强发展动能，鼓励各自贸区集中精力在重点产业上进行全链条综合创新，创建更多具有全球影响力的现代产业。

本文主要聚焦自贸区的产业发展，通过对自贸区产业进行横向和纵向的对比研究，探寻自贸区产业的发展之路。对于各自贸区而言，如果说开放和改革尚具有外部性，产业发展则能实实在在地拉动地方经济。产业发展是能够带动各自贸区先行先试的落脚点。随着中国经济增速的放缓，经济发展逐步进入了“新常态”阶段，经济模式正初步实现从规模速度型到质量效率型、从传统增长点到新的增长点的转变。自贸区的产业发展恰好适应该阶段经济发展的特点，解决现实问题，带动地区乃至全国的经济发展，实现质与量的双重提升。

已有的研究较少涉及对国内不同自贸区产业的比较分析，更没有对自贸区与原有的（经济）开发区产业发展的比较研究。本文通过对自贸区产业横向（不同自贸区的比较）和纵向（和开发区的比较）的对比研究，可以说明各自贸区选择产业的异同，以及自贸区与开发区在产业政策等方面的区别。而且可以分析政策的实际效果和自贸区对经济增长和贸易自由化的影响，精准找出政策的发力点，破除产业发展的制度性障碍，培育新的产业形态，围绕产业升级推出政策支持体系，从而推动打造世界级的自贸区产业集群。

二、横向对比：22 个自贸区的产业对比

除了有共同的制度创新、政府职能转变、优化产业结构等要求和目标外，22 个自贸区都根据自身的地理优势和产业特点，选择了要重点发展的产业。对不同自贸区产业的梳理见表 1。

表 1　　中国 22 个自贸区的战略定位与重点产业

自贸区	成立时间	战略定位	重点产业
上海	2013 年 9 月	建设自贸区“排头兵”、高开放度的自由贸易园区	现代服务业、集成电路、人工智能、生物医药、跨境电商、金融服务、跨境电商、航运物流、国际物流等产业
广东	2015 年 4 月	促进粤港澳深度融合	航运物流、高端制造、国际商贸、特色金融、高新技术等产业
天津	2015 年 4 月	促进京津冀协同发展	航运物流、航空物流、国际贸易、高端制造业、装备制造、金融创新等产业
福建	2015 年 4 月	深化两岸经济合作交流、体现对台政策	海上丝绸之路沿线国家和地区交流合作的重要平台、两岸服务贸易、国际旅游、现代服务业、金融服务、制造业等产业
辽宁	2017 年 3 月	振兴东北老工业基地	航运服务、装备制造、汽车及零部件、航空装备、商贸物流、跨境电商、信息技术等产业
浙江	2017 年 3 月	建设成为世界级大宗商品自由贸易区	大宗商品贸易、石油相关产业、航空制造、研发设计等产业
河南	2017 年 3 月	打造服务于“一带一路”建设的现代综合交通枢纽	智能终端、汽车制造、生物医药、现代服务业、现代物流、装备制造、新材料、国际商贸、跨境电商、电子商务等产业
湖北	2017 年 3 月	建设中部有序承接产业转移示范区	信息技术、现代物流、智能制造、新能源汽车、大数据、生物医药、新材料、电子商务等产业

续表

自贸区	成立时间	战略定位	重点产业
重庆	2017 年 3 月	建设“一带一路”和长江经济带互联互通重要枢纽、西部大开发战略重要支点	高端装备制造、云计算、旅游业、生物医药、电子信息、现代物流等产业
四川	2017 年 3 月	建设内陆与沿海沿边沿江协同开放示范区	现代服务业、高端制造业、高新技术、特色金融、保税物流仓储、特色金融、现代医药、食品饮料等产业
陕西	2017 年 3 月	建设“一带一路”经济合作和人文交流重要支点	打造“一带一路”现代农业国际合作中心、高新技术产业、现代物流、电子商务、国际贸易、金融服务、旅游会展、农业科技等产业
海南	2018 年 10 月	建设对外开放的重要门户	旅游业、现代服务业、国际投资贸易、保税物流等产业
山东	2019 年 8 月	打造东北亚国际航运枢纽、海洋经济发展示范区	人工智能、金融服务、现代海洋、国际贸易、文化产业、装备制造、生物医药、信息技术、节能环保等产业
江苏	2019 年 8 月	打造开放型经济发展先行区	特色金融服务、电子信息、生物医药、新材料、现代服务业等产业
广西	2019 年 8 月	面向东盟的国际陆海贸易新通道	现代金融、港航物流、数字经济、新能源汽车、生物医药、国际贸易、电子信息、跨境旅游等产业
河北	2019 年 8 月	建设国际商贸物流重要枢纽、新型工业化基地、全球创新高地和开放发展先行区	信息技术、国际物流、现代服务业、生物医药、高端装备制造等产业
云南	2019 年 8 月	建设面向南亚东南亚的互联互通枢纽、信息物流中心和文化教育中心	高端制造、数字经济、现代物流、跨境旅游、跨境电商跨境金融等产业
黑龙江	2019 年 8 月	打造对俄罗斯及东北亚区域合作的中心枢纽	信息技术、生物医药、沿边金融、新材料、现代物流、清洁能源等产业
湖南	2020 年 9 月	打造世界级先进制造业集群、联通长江经济带和粤港澳大湾区的国际投资贸易走廊	高端装备制造、生物医药、航运物流、电子商务、信息技术、有色金属加工等产业
北京	2020 年 9 月	建设具有全球影响力的科技创新中心、着力构建京津冀协同发展的高水平对外开放平台	信息技术、数字贸易、医疗健康、国际金融、文化创意、生物技术等产业
安徽	2020 年 9 月	推动科技创新和实体经济发展深度融合，形成内陆开放新高地	高端装备制造、科技金融、人工智能、跨境电商、生物基新材料、新能源等产业

续表

自贸区	成立时间	战略定位	重点产业
新疆	2023 年 10 月	构建新疆融入国内国际双循环的重要枢纽，服务“一带一路”核心区建设	国际贸易、现代物流、高端制造业、生物医药

资料来源：国务院《中国自由贸易试验区总体方案》。

从表 1 可以看出，在产业特点方面，各自贸区注重利用自身地理环境和资源优势充分带动自身产业发展，注重引导和发展地区优势产业，以及与周边区域或国内其他自贸区形成联动。比如：山东自贸区的青岛片区，充分利用自身沿海的特点，重点发展海洋、旅游、物流等产业；东部沿海地区是对外贸易的主战场，在该区域内的自贸区则更加注重国际产业的发展，利用自身便利性发展具有核心竞争力的前沿产业；中西部自贸区则结合各自区域的资源和优势，结合自身产业的发展特点，与东部地区自贸区进行分工合作（赵福军，2022）。

表 2　　各自贸区的产业选择

产业	包含该产业的自贸区数量
高端制造业	17
高新技术产业	16
现代物流	14
金融业	13
国际贸易	13
生物医疗	12
现代服务业	9
新能源	6

总结各自贸区选择的产业，可以看出，各大自贸区对未来要发展的产业具有一定的共识：高端制造业、高新技术产业是选择最多的制造业，现代物流、金融业则是选择最多的现代服务业。具体而言：

①高端制造产业。制造业是国民经济运行的产业基础，是衡量一个国家科技发展水平的重要标志，在各国的经济增长中起到了发动机的作用。中国虽被誉为“世界制造工厂”，但处于制造价值链的底端。美国虽然工业“空心化”，但制造业发展的都是高精尖技术，具有高附加值。在技术密集型产业中，中国整体落后于欧美。在自贸区的产业选择中，各自贸区显然意识到

了高端制造业的重要性，结合自身优势纷纷选择相应高端制造业，22 个自贸区中有 18 个自贸区拥有高端制造产业。从长期来看，自贸区的优势所带来的产业发展必将逐步缩小与欧美的差距。

②高新技术产业。高新技术产业是以高新技术为基础，从事研究、开发、生产和技术服务的一种或多种高新技术及其产品的行业。该行业的特点是：关键技术突破难度大，但是一旦开发成功则会产生很高的经济、社会效益，例如手机芯片的研发。从自贸区的整体来看，有 16 个自贸区包含高新技术产业，其中比较有代表性的产业包括上海自贸区临港新片区的人工智能产业、安徽自贸区的拥有超导量子比特数目最多的可编程超导量子计算原型机“祖冲之号”等。自贸区建设让这些相关产业快速发展，促使中国的科技实力向前飞跃。

③现代物流业。物流业是一个经济体发展所必需的基础性产业，发挥着纽带连接的作用。经济活动的一个重要现实是货物的流通，物流业是商品贸易的骨架网络和载体，物流业的发展将直接影响中国自贸区其他产业的整体效率水平。22 个自贸区中有 15 个园区重点发展现代物流产业。通过现代物流产业的发展，加快经济要素大范围流动与交换，促进商品贸易的发展，进而带动经济整体的发展。自贸区的建设可以为物流业引入国际先进技术和管理经验。

党的二十大报告中明确指出，要加快实施自由贸易试验区提升战略，这必然要通过产业的升级来体现这一战略。对于自贸区，实现提升固然需要在政策制定方面付出努力，但更为重要的是在巩固自身产业基础方面下功夫，这必然也离不开科技创新的支持。从各自贸区选择的产业可以看出，绝大多数自贸区都将高端制造业和高新技术产业作为重点发展对象，这无疑是从自贸区本身的战略出发，不断夯实制造业基础，努力赶超世界先进水平。

三、纵向对比：自贸区与开发区产业对比

自贸区与开发区在产业发展的目标和招商引资的政策方面都存在区别。开发区产业发展的目标是推动地区经济高速增长，地区在高速增长的同时，也带来了许多负面影响。自贸区往往致力于通过引进高端产业推动高质量发展，改变以往粗放的发展模式。在政策手段方面，开发区往往通过政策优惠来吸引国内外投资，而自贸区往往通过改善营商环境来吸引投资。

（一）自贸区与开发区的产业目标比较

1. 开发区的产业发展目标

改革开放以来，中国为应对国内外不断变化的经济形势，在不断地扩大

开放和全面深化改革，并先后设立了经济特区、经济技术开发区、高新技术产业开发区、国家级新区、自由贸易试验区等一系列先行先试区和政策试验场（李善民，2020）。

在经济开发区阶段，产业的目标主要集中在经济增速方面，各级政府都以经济增速为目标，国内生产总值（GDP）增速成为区域发展最主要的经济指标，因此造就了改革开放40余年来GDP的持续高速增长。

早在1984年5月4日，中共中央和国务院联合印发《沿海部分城市座谈会纪要》，指出：依靠政策，建设沿海开放型城市：一是给前来投资和提供先进技术的外商以优惠待遇；二是扩大这些城市的自主权，让它们有足够的空间去开展经济活动。自此，中国逐步建立起第一批经济开发区。

党的十六大以后，国内外形势已经发生了深刻变化，中国经济社会发展进入了一个新阶段，党中央对经济开发区也提出了新的目标（见表3）。从实际发展情况来看，以上经济目标在“十一五”期间均已实现。

表3　“十一五”期间国家级经开区主要经济发展目标

指标	数额	增速（%）
地区生产总值	2万亿元	20
工业总产值	51 000亿元	17
税收收入	3 400亿元	22
出口总额	3 000亿美元	21
高新技术企业产值	23 000亿元	20
人均地区生产总值	30万元/人	—
单位面积工业用地产生工业产值	63亿元/平方公里	—

资料来源：《“十一五”规划纲要》。

此外，2018年《经济日报》中的一份研究报告（冯其予，2018）显示：2016年，219家国家级经济开发区的地区生产总值8.2万亿元，同比增长8.5%，占国内生产总值的11%，高新技术产品进出口贸易额占全国的24%。但是在经济发展过程中只注重经济增长，必然会带来诸多负面问题：

（1）经济高速增长的同时带来了严重环境污染和生态危害，恶化了民众的生活环境和质量。

在改革开放初期阶段，中国为了加快发展步伐，不惜牺牲环境，形成以高耗能、高污染为特征的产业模式，快速推进工业化，逐步建立起工业体系，成为名副其实的世界工厂。在经济高速增长的同时，冶金、采矿、建材、化工、食品工业、塑料工业、炼油和石油化工等产业所有污染物排放指标均位居世界前列。根据中国碳核算数据库（CEADs）数据，2022年中国碳排放量累计 110 亿吨，约占全球碳排放量的 28.87%，其中工业排放量为 42 亿吨。

（2）开发区产业同质化严重。

通过对全国开发区产业发展现状的分析，不难发现，开发区产业发展的一大弊端是主导产业趋同、同质化特征明显。有些区域的开发区产业发展受其他地方成功经验的影响，存在一定程度的“随波逐流”。没有结合当地经济发展特点和资源禀赋的后果是，园区规划不健全，定位不清晰，多数产业没有形成发展特色。

导致这样的产业状态与开发区在招商引资时的产业政策息息相关。在推进产业园区开发建设的过程中，过分追求产业园区中短期内所产生的经济效益指标而对重点主导产业的产业定位不明确。企业在产业投资项目的选择上也表现出单一化，更多的是从地方政策扶持、税收减免等方面进行考量，导致产业项目和功能同质化倾向日益严重。与此同时，开发区的产业由于同质化严重，难以构建完整产业链，企业之间缺乏业务或技术上的协同联系，加剧了产业间内部竞争。同时还会减少企业利润，限制企业发展。此外，产业园区内的产业、企业之间缺乏紧密的联系，缺乏交流，陷入了产业发展的死循环，加大了产业发展的难度，妨碍规模经济效益和产业集群效应的形成。

（3）过度依赖加工贸易，忽视技术研发。

过度依赖加工贸易，忽视技术研发，是众多开发区在经济发展过程中常见的问题。加工贸易通常是一种相对容易实施的经济战略，因为它并不依赖于尖端技术，可以快速获得大量收入，提供就业机会，并推动出口。但是，这种依赖加工贸易的模式必然会显现出诸多问题。

首先，依赖加工贸易可能导致经济结构单一，陷入产业链的底端，难以实现高附加值的产业链增值。国家和地区可能会成为跨国公司的代工厂，而未能培育本土的高科技产业和创新能力。其次，过度依赖加工贸易容易受到全球市场波动的影响。国际市场的变化、贸易关系的不稳定以及全球供应链的中断都可能对依赖加工贸易的国家产生负面影响，这种风险不容忽视。

同时，忽视技术研发会导致创新力的丧失。从长期来看，技术研发是推动经济增长和竞争力的关键因素，它不仅可以提高产品和服务的质量，还可以降低生产成本，创造新的市场机会，加强国家的科技实力。

2. 自贸区全新的产业战略目标

自贸区建设极大地改善了中国经济开发区在发展产业方面所存在的问题。

首先，自贸区积极推动了特色产业的发展。通过充分利用当地独特的资源优势，自贸区进行了资源整合与优化，形成了特色产业聚集区，加速产业建设和发展进程。自贸区在精确定位方面充分考虑了当地的资源特点，例如依托优越的自然条件吸引新兴产业，或在发展高新技术的基础上培育特色产业园区等。与此同时，自贸区更加注重新能源产业，淘汰高能耗和高污染产业，以实现自贸区的可持续发展。

其次，自贸区作为高水平的开放平台，在培育产业链竞争优势方面走在前列，自贸区以产业的健康发展为目标，不断扩展上下游产业链。在特色核心产业的基础上，积极拓展产业链，努力打造竞争优势，为中国参与全球高水平竞争助力。

在实践中，自贸区在打造产业链的同时，还会对核心产业进行合理规划，并逐步完善、延伸和扩展产业链条，促进核心产业集聚，从而形成产业集群，构建产业链的竞争优势。

最后，自贸区与开发区时期产业发展的一个明显不同之处在于管理体制的创新。自贸区充分吸收了国内外成功经验，建立了先进的管理机制、人才激励机制等，以确保自贸区内的产业投资、融资和生产活动有序进行。自贸区在发展过程当中不断下放园区的管理权限，根据中国现行法律法规和政策条例，充分授予自贸区行政和经济管理权限，合理有效地行使管理职能，促使产业在生产、投资和经营方面更加高效。

（二）自贸区与开发区的产业政策比较

过去，开发区依靠资金扶持、优惠政策、低廉的地价和电费等要素来吸引企业的进入，以谋求经济的增长。在改革开放初期，全国范围内以“减税降费”为特色的开发区为当地换来了长久的经济发展，这在经济发展初期效果是非常显著的，具有正面意义。然而，目前中国正处于经济转型的关键时期，在这个背景下，自贸区的设立并不仅仅是将一个区域简单划分为几个功能区，更重要的是在制度层面进行创新，强调了制度供给侧的改革。

对于过去传统的开发区，政府一般以“优惠政策”的方式来招商引资，例如在税费、用地等方面提供优惠政策，吸引企业投资入驻。但这些政策的本质，实际上是“区别对待”，即对于外商或当地企业存在着某种程度上的“歧视”，而自贸区招商引资最大的不同，就在于“公平”。

2017 年 3 月 5 日，时任国务院总理李克强在作政府工作报告时指出，将大力优化外商投资环境，修订外商投资产业指导目录，进一步放宽服务业、制造业、采矿业外资准入。2019 年 10 月 22 日，中国政府对外公布新出台的《优化营商环境条例》，建立统一开放、竞争有序的市场体系，依法促进各类生产要素自由流动，保障各类市场主体公平参与市场竞争，在准入资格、管理体制等方面，对内外资企业一视同仁。《条例》中的这些制度设计，更加重视对外商投资合法权益的保护，无论内资企业、外资企业，只要在中国注册，都将同等对待。其中，“一视同仁”的理念核心在于其目标是立足于营造一个公平、透明的商业环境，以维护园区内企业之间的公平竞争，而非过去带有歧视性的优惠政策。总体来说，开发区是靠政策优惠，而自贸区则是靠消除壁垒，营造良好的营商环境来吸引企业入驻（张菲，2021）。

这些年来，自贸区的设立在政策和制度上也有了相当大的改变。从一开始的贸易便利化改革，到进一步改革自贸区制度创新所带来的投资便利化、金融国际化，再到涉及投资、贸易、金融、科技等领域全方位“放管服”等创新要素跨境配置改革。以开放倒逼改革，不断加快推进政府职能转变、组织重组和监管创新，见表4。

表4　经济开发区与自贸区政策对比

	经济开发区	自贸区
招商引资方面	进入园区的企业享有一定的优惠政策，例如：优惠的地价和税收的减免	以法律、法规的形式提供自由、开放、公平的平台，让进入园区的企业充分发挥自身潜能
国际贸易方面	以单边为主导，通常更注重地方发展	包括减少关税、取消非关税贸易壁垒、放宽外资准入限制等，对接国际高标准的投资贸易规则体系
管理体制方面	通常由地方政府管理，各地区的管理模式和政策可能会有所不同	自贸区具有更大的自主管理权，可以采用更灵活的法规和规定，以适应园区发展
吸引外资方面	通常吸引国内和外国企业在当地投资，以推动地方经济增长	更侧重于吸引外国投资，并提供更多的便利性，例如外资准入的便利政策
产业发展方面	通常以贸易加工为主，侧重于拉动GDP增长	更倾向于技术、贸易、物流、金融等与国际接轨的创新型领域，以提高国际竞争力

经济开发区和自贸区都是促进经济增长和发展的工具，其目标和政策应该与发展愿景和需求相一致，以实现经济增长和可持续发展的目标，但它们的政策侧重点和具体目标不尽相同，在政策、管理、产业重点以及国内和国际交流等方面均存在很大差异。一般来讲，经济开发区更注重地方经济发展，而自贸区更注重技术创新、国际贸易和全球经济互联互通。政府通常会根据具体的经济目标和需求来选择设立其中之一或二者兼而有之。

（三）案例分析——以上海自贸区为例

上海自贸区自2013年创立以来，坚持以制度创新为核心，创新实施了外商投资准入负面清单并且成功推广到全国，在此基础上继续探索与国际相接轨的投资贸易制度体系。上海自贸区作为中国成立的第一个自贸区，充分彰显了全面创新和扩大开放的“排头兵”作用。凭借其优越的地理位置、便利的基础公共设施、完善的法律法规以及更加开放的政策，上海自贸区可以充分发挥其集聚效应以及辐射带动效应来吸引外资的流入。经过十年的发展，上海自贸区的改革已经取得了显著的发展成效。区域内经济运行状况良好，区域内的第二、三产业获得了巨大的发展。区域内各类企业数量逐年增长，区域内企业吸引外资数额也不断增长，外商投资的方式也日益丰富。

从企业的产业结构来看，上海自贸区的上市企业的业务范围涵盖了制造业、金融服务业、零售业、建筑业、轻工业及运输业等多个行业，主要以第二、三产业为主。自贸区内企业规模以上工业总产值从自贸区成立以来实现了大幅度增长，2021 年，规模以上工业总产值是 2015 年的 3 倍以上，服务业的营业收入也是有显著提升，见表 5。

表 5　　上海自贸区规模以上工业和服务业产值变化　　单位：亿元

	2015 年	2017 年	2019 年	2021 年
规模以上工业总产值	3 901	4 924	4 652	12 322
服务业营业收入	3 599	5 157	5 027	——

数据来源：上海浦东新区统计年鉴。

在上海自贸区成立之前，外高桥保税区的产业以国际贸易和物流为主；在有科技公司入驻后，生产电子设备成为保税区重点发展的产业；而自贸区挂牌之后，制造业、贸易和物流等传统产业的企业比重下降，以金融为代表的服务业的企业数量明显增加，成为保税区的新兴产业。外高桥保税区通过制度创新、模式创新，已成为全国自贸区的标杆园区。

上海自贸区成立以后，为适应发展的需要，外高桥保税区又发展了多项产业：在国际贸易方面，培育出 6 个超千亿营收的子行业，包括电子消费、电子元器件、机械设备、化工产品和金属批发业等；在服务业方面，积极引进了众多新兴服务业企业，包括文化服务、技术服务、金融服务等现代服务业领域；在物流产业领域，园区内集聚了 1 000 多家现代物流企业。

根据 2023 年上海发改委发布的《外高桥地区产业发展规划》，计划到 2035 年，外高桥地区经济发展全面绿色转型将取得显著成效，成为营商环境一流，具有全球影响力的开放型经济高地，更深层次地参与全球经济产业合作。

在产业方面，外高桥片区重点发展国际贸易、现代物流、专业服务、文化创意等产业，并打造世界级的，包括生物医药、集成电路、智能制造、新材料等产业在内的产业集群，计划到 2025 年各产业集群分别实现工业产值 50 亿、100 亿、400 亿、800 亿元人民币。

四、总　结

自贸试验区的创立本质上就是要进行创新，用全新的制度来促进产业发展，进而释放经济活力。制度创新可以破除产业发展的障碍，培育新的产业形态和贸易方式，围绕产业升级推出政策支持体系。增强具有竞争优势的产业的竞争力，加强产业的群聚效应，形成产业集群，实施有针对性的产业政策和税制改革，以进一步增进企业的满意度。推动更有深度和广度的产业耦合和对外开放，针对优势产业，逐步形成供应链、产业链和价值链联动发展的新格局，促进国内产业与国际市场的交流。

本文通过对各大自贸区的横向对比发现，各自贸区的产业往往注重高端产业，高技术制造业与现代服务业并重，而且有些高端产业是各自贸区共同追求的发展对象。从自贸区与开发区的纵向对比来看，开发区引进产业往往是为了促进经济增长，而自贸区是为了高质量发展。自贸区与开发区的政策也存在差异，自贸区注重制度创新，开发区则主要使用政策优惠。

具体而言，可以区分为高技术制造业和现代服务业：

第一，以技术创新促进产业优化升级。高新技术的革新带来产业结构的变化。全球各发达国家和主要发展中国家都投入了巨大的资源来推动本国高新技术和相关产业的发展，这使其成为本国经济增长的强有力引擎。在科技飞速发展、技术日益进步的背景下，一个国家的科研实力和能够将科研成果迅速转化为技术并进行商业化的能力，已经成为其在全球经济竞争中生存和发展的决定性因素。在自贸区的推动下，先进的高新技术必将得到迅速发展和广泛应用，快速成为中国产品、产业的核心竞争力。

第二，促进现代服务业发展。随着经济全球化的加深、服务贸易比重的不断增加以及国际贸易未来的发展趋势，自贸区的贸易便利化制度创新将逐步扩展到服务贸易领域。自贸区现代物流业的发展意味着将离岸贸易、服务贸易、技术贸易等服务领域逐步纳入体系，以加快金融、文化等服务业的贸易便利化。

参考文献

1. 冯其予．国家级经开区仍是开放型经济发展重要力量［N］. 2018－05－13.

2. 李善民．中国自贸区的发展历程及改革成就［J］. 人民论坛，2020（27）：12－15.

3. 缪晓琴．制度型开放上海自贸区“苗圃”变“雨林”［N］. 中国改革报，2023-09-01（005）.

4. 张菲．自贸试验区对入驻企业的多重利好［J］．中国外资，2021（19）：48-52.

5. 赵福军．打造产业特色鲜明的自贸试验区［J］．上海企业，2022（4）：66-67.

Industrial Development of China's Pilot Free Trade Zones: A Comparative Study

Su Qingyi　Zheng Jiming

[**Abstract**] The three main objectives of China's establishment of free trade pilot zones are institutional innovation, deepening reform, and industrial development. This article focuses on analyzing the role of industrial development in free trade zones. On the one hand, compare the similarities and differences of industries in major free trade zones; On the other hand, compare the industrial differences between free trade zones and existing development zones. This article finds through a horizontal comparison of major free trade zones that their industries often focus on high-end industries, with high-tech manufacturing and modern service industries being equally important, and some high-end industries are common development targets pursued by respective trade zones. From the vertical comparison between free trade zones and development zones, it can be seen that the introduction of industries in development zones is often aimed at promoting economic growth, while free trade zones are aimed at high-quality development. There are also differences in policies between free trade zones and development zones. Free trade zones focus on institutional innovation, while development zones mainly use policy incentives. This article also analyzes the Shanghai Free Trade Zone as a case study.

[**Key Words**] industrial development　economic development zones　investment attraction　institutional innovation　high-end industries

JEL Classifications: F18

贸易边际、自贸协定第三方效应与“WTO之谜”

赵 勇 张丹蕾 帅 也*

【摘　要】作为最大的世界经济组织，WTO/GATT一直被认为在降低贸易壁垒、促进贸易自由化进程中扮演了重要的角色，但罗斯提出的“WTO之谜”却发现WTO/GATT对贸易的积极作用在实证研究中并不能得到很好的证实。本文在区分贸易的扩展边际和集约边际的基础上，从市场相似性的角度出发，明确多边阻力的作用机制和经济意义，加入有市场相似性的第三方国家对双边国家贸易产生的影响，来衡量WTO/GATT对贸易的作用。结果表明在加入相似性市场的影响后，WTO/GATT由原来不显著或负向的影响变为正向积极影响，且WTO/GATT对贸易的促进作用体现在扩展边际而非集约边际上，从而明确了WTO/GATT对贸易的重要作用，从新的视角解释了“WTO之谜”。

【关键词】**WTO之谜　市场相似性　多边阻力　扩展边际　集约边际**

一、引　言

世界贸易组织（World Trade Organization，WTO）是当代最重要的国际经济组织之一，至今已有164个成员。WTO的前身为关税及贸易总协定（General Agreement on Tariffs and Trade，GATT），自成立以来一直致力于减少关税和贸易壁垒，推进全球贸易自由化进程。WTO建立了贸易谈判和解决争端的

* 赵勇，中国人民大学经济学院，中国人民大学中国经济改革与发展研究院，教授，博士生导师，通信地址：北京市海淀区中关村大街59号，邮政编码：100872，电子信箱：joyong@ruc.edu.cn；张丹蕾：中国人民大学经济学院，硕士研究生，通信地址：北京市海淀区中关村大街59号，邮政编码：100872，电子信箱：zhangdanlei89@ruc.edu.cn；帅也，北京清和泉资本管理有限公司，研究员，通信地址：北京市房山区北京基金小镇大厦F座258，邮政编码：102407，电子信箱：shuaiye0924@163.com。

场所，通过促进贸易协议与政策制定为成员方提供良好的贸易环境，有助于规范和促进国际贸易的发展。

然而，WTO 对其成员贸易的实际影响到底如何？罗斯（Rose，2004a）发表于《美国经济评论》的文章提出了惊人的观点：加入 WTO/GATT 对成员的双边贸易量并没有显著而积极的影响。罗斯利用 175 个国家（地区）52 年的大量数据，采取国际贸易中经典的引力模型实证研究 WTO/GATT 的影响，进行了多种子样本回归和稳健性检验，最终发现 WTO/GATT 的影响并不显著，且大部分系数符号为负。此结论引起了重大关注，许多学者提出质疑，从成员身份的定义、控制多边阻力项以及区分零贸易量等各种角度进行了检验和发展，但所得的结论并不一致（Tomz et al.，2007；Eicher and Henn，2011；Esteve - Pérez et al.，2020）。对于 WTO/GATT 这样一个重要而庞大的世界组织而言，我们经验性地认为其促进国际贸易的作用是理所当然和显而易见的，然而在实证研究中却没有得到十分有力的支持。这些研究的多样性结论和相应的探讨，构成了所谓的“WTO 之谜”。

本文试图在“WTO 之谜”产生和发展脉络的基础上，从贸易边际和市场相似性的角度出发，对罗斯（Rose，2004a）的结论进行检验，以期为此领域的理论研究提供新的思路。

首先，罗斯与大多数现有研究都采用传统的引力模型，忽略了多边阻力项（multilateral resistance term，MRT），即两国的双边贸易量不仅与两国之间的贸易壁垒有关系，还与第三方以及其他贸易伙伴之间的贸易成本有关。由于文化、地理、市场等方面的相似性可以共享经验和成本，在考虑多边阻力对于两国双边贸易的影响时，相似性市场有着更为直接而重要的地位。就两国的双边贸易而言，具有市场相似性的第三方国家是否是 WTO 的成员会产生一种贸易效应：与某国相似的国家加入 WTO，由于市场的相似性会减少不确定性和风险，企业在出口动态路径上会选择与已有伙伴国较为相似的市场（Wang and Zhao，2013；Regolo，2013；Defever et al.，2015）。因此与博歇尔特（Borchert，2007）和莫利纳（Molina，2010）提出的优惠关税自由化和优惠贸易协定会促进对第三国出口相类似，若某国的相似性国家属于 WTO，另一国家与其进行贸易的成本会下降，从而间接地增加双方的贸易，即会产生溢出效应（Borchert，2007；Molina，2010）。可以看出，相似性国家是否加入 WTO 对于两国双边贸易具有不可忽视的影响。因此本文加入了衡量第三方相似性国家的变量，明确相似性市场对双边贸易的作用机制，并说明了在加入相似性国家的影响后，WTO 对贸易的作用变得积极且显著。

其次，罗斯（Rose，2004a）和其他一些研究者讨论的都是贸易的总量，而近年来大量贸易模型都强调贸易在企业层面和产品层面的差异（Bernard and Jensen，1999；Melitz，2003；Chaney，2008）。在这样的概念下，贸易的扩展边际（extensive margin）和集约边际（intensive margin）在衡量贸易中显得越来越重要。一般来说，集约边际指的是现有出口企业和现有出口产品在单一方向上量的扩张，强调现有贸易的数量变动；而扩展边际则强调出口产品种类的增加以及企业进入新出口市场等新贸易关系的建立。一些学者将其应用于对贸易组织影响的衡量中，认为区分贸易边际后可以更加精确地估计贸易组织的作用（Dutt et al.，2013；Baier et al.，2014，Cristea and Miromanova，2022）。在本文中，我们利用 HS－6 位产品水平上的非汇总数据将总体贸易数据分解为集约边际和扩展边际，从而对于 WTO 在降低贸易中的可变成本和市场进入等固定成本方面的作用进行区分。并且引入相似性市场的影响，以期在完善现有研究的基础上，更加精确衡量 WTO 对贸易的作用。

本文其他部分构成如下：第二部分梳理和回顾了有关“WTO 之谜”的相关文献。第三部分对模型的构建和采用的数据进行了说明。第四部分报告了计量回归的结果，进行稳健性检验，并结合观点做进一步探讨。第五部分对本文的主要结论进行了概括总结，并提出了本文的不足之处以及将来研究的方向和建议。

二、文献综述

（一）“WTO 之谜”的提出

为检验加入 WTO/GATT 对国家贸易的影响，罗斯（Rose，2004a）利用经典引力模型，在考虑 GDP、距离和一系列控制变量包括文化、地理位置、历史、区域贸易协定和货币联盟等基础上，采用 175 个国家（地区）在 1948～1999 年共 52 年的非平衡面板数据进行计量分析。在罗斯的 OLS 回归中，引力方程的拟合程度很好，模型解释力度也比较强，但是 WTO/GATT 成员的虚拟变量却不是显著的，且系数为负。随后罗斯继续通过国家（地区）分类、截面分析、区分时间段、不同的计量手段等方法进行估计，得出的结果中大部分系数为负，正的系数很少且不显著。在随后的研究中罗斯（Rose，2004b，2005，2010）对此结果进行了补充说明，认为 WTO/GATT 对贸易的影响不显著是由于 WTO/GATT 并没有对国家（地区）的贸易政策产生相应的影响，从而在对贸易增加的影响上没有达到预期的效果，并将 WTO/GATT 与其他世界性组织 IMF、OECD 等进行比较。罗斯（Rose，2004a）的结论吸引了很多关注，引发了一系列批判和检验，并丰富了关于国际贸易的衡量和贸易组织作用领域的发展。

（二）对于“WTO之谜”的质疑与发展

与罗斯（Rose，2004a）的研究相关的批判主要集中于以下几个方面：

1. 关于国家与部门

汤姆斯等（Tomz et al.，2007）从成员方身份的角度出发，以行使权力和履行义务的原则重新定义和区分了参与WTO/GATT的国家（地区）。他们认为许多国家（地区）在加入WTO/GATT之前，就已经采取了降低关税、缩减贸易壁垒的措施以符合加入组织的要求；一些临时成员方也在履行WTO/GATT的义务和享有贸易政策；而大部分殖民地国家和新独立国家虽然没有正式出现在成员方名单上，由于历史或政治原因也属于参加WTO/GATT的国家（地区）。通过重新定义WTO/GATT成员方身份，汤姆斯等（Tomz et al.，2007）采用罗斯（Rose，2004a）的方法和数据，得出了WTO/GATT对成员方贸易的积极影响。也有学者认为WTO/GATT对发展中国家（地区）和发达国家（地区）的要求不一样，产生的作用也有区别，在区分发展中国家（地区）和发达国家（地区）后发现WTO/GATT对发达国家（地区）有积极作用，实际上发达国家（地区）从WTO促进世界贸易增长中获益最多（Subramanian and Wei，2007；Reis et al.，2021）。此外还区分了时间段和不同部门，认为WTO/GATT短期中对于新成员影响大，对于长期成员影响小；在无贸易保护部门中影响很大，但对于农产品和纺织品等非自由化贸易部门影响很小，具有不平衡效应。金（Kim，2010）也认为农产品、纺织品和石油在WTO/GATT的框架下涵盖较少，因此在衡量WTO/GATT对贸易的作用时应该去除。

2. 关于零贸易流

经典贸易引力方程在回归中通常转化为对数线性形式，因此只有存在双边贸易关系的国家（地区）会被纳入计量分析，而很多没有贸易关系的国家（地区），也就是零贸易流的国家（地区）会被忽略。这导致了许多研究只考虑贸易在集约边际的增加，而没有考虑贸易关系在扩展边际的增加，即原来没有贸易的国家（地区）产生了贸易关系（Chaney，2008；Konya，2011；Baier et al.，2014）。针对此问题，费尔伯迈尔和科勒（Felbermayr and Kohler，2010）区分了零贸易流并强调了扩展边际的重要性。赫尔普曼等（Helpman et al.，2008）将集约边际与扩展边际分解，并采用了两阶段估计方法，认为传统的估计中忽略扩展边际是产生偏误的主要原因。刘（Liu，2009）利用包含零贸易流的数据，发现WTO/GATT在对贸易增加的集约边际和扩展边际上都有积极的影响。

3. 关于多边阻力

在WTO/GATT对双边国家贸易量影响的研究中，罗斯（Rose，2004a）

采用了传统引力模型进行估计，而传统的引力方程中所有的变量都是关于两国本身贸易成本的衡量。不少学者提出，忽略多边阻力项会导致模型的错误估计（Deardorff，1998；Wei，1996；Anderson and Wincoop，2003）。安德森和温库（Anderson and Wincoop，2003）建立了理论上一致而有效的引力模型，证明了多边阻力项的重要性。在实证运用中，不少学者控制随时间变化的国家固定效应以代表多边阻力（Subramanian and Wei，2007；Elleby et al.，2023）。赫尔普曼等（Helpman et al.，2008）也认为添加国家固定效应可以解决罗斯（Rose，2004a）提出的问题，但罗伊（Roy，2011）采用与苏布兰马尼安和魏（Subramanian and Wei，2007）同样的办法估计多边阻力项，最终没有得到 WTO/GATT 的积极影响。艾西尔和海恩（Eicher and Henn，2011）也强调了遗漏多边阻力造成的偏误，在综合考虑各种遗漏项后认为 WTO/GATT 没有造成显著的影响，而特惠贸易协定（Preferential Trade Agreements，PTA）对国家之间的贸易具有显著影响。张等（Cheong et al.，2014）则认为多边阻力项在衡量 WTO 影响中十分重要，但传统方法会导致共线性等问题，造成结果的不确定。

4. 关于计量方法

希尔瓦和特雷罗（Silva and Tenreyro，2006）认为在大多数对数线性化的模型中异方差的存在会导致 OLS 估计方法产生偏误，采用泊松伪最大似然估计（Poisson Pseudo - Maximum - Likelihood，PPML）是更好的选择，并利用引力模型和扩展的引力模型对许多估计方法的结果作出比较。拜尔和伯格斯特兰德（Baier and Bergstrand，2007，2009）认为由于各种原因的存在，线性参数估计方法会导致偏差，因此在双边贸易量的问题上采取匹配的计量方法，并对 FTA 的贸易影响进行研究。马丁内斯—扎佐索等（Martínez - Zarzoso et al.，2008）则强调在对贸易协定的作用衡量中使用动态面板方法的重要性。常和李（Chang and Lee，2011）运用了一系列非参数方法对 WTO/GATT 在贸易上的影响进行估计，在综合考虑设定偏差、异质性成员、选择性样本偏差的情况下得出 WTO/GATT 对贸易的促进作用。埃斯特夫—佩雷斯等（Esteve - Pérez et al.，2020）使用泊松伪极大似然（PPML）估计结构引力方程，发现与区域贸易协定和货币联盟不同，GATT/WTO 的加入并没有产生积极的贸易效应。

（三）现有文献不足与本文创新之处

现有文献从许多方面丰富和发展了引力模型和对 WTO/GATT 影响估计的方法，本文主要集中于对多边阻力（multilateral resistance）的探究上。现有文献大多数没有考虑多边阻力项，即使少数研究考虑了多边阻力，解决途径绝大部分都只是模糊地加入固定效应（Subramanian and Wei，2007；Roy，2011），且所得结论并不一致。现有研究没有考虑理论上存在的多边阻力到底有什么经济学含义，没有明确第三方国家对双边贸易的作用机制，以及在实证中可以通过什么指标表示。本文则从市场相似性的角度出发，来明确多边阻力项的经济意义，并在计量方法上进行改进。此外，现有文献大多采用贸易的汇总数据，大多在国家层面利用扩展边际和集约边际的概念，从探究零贸易量出发，说明 WTO/GATT 在促进新的贸易关系产生上的作用，如费尔伯迈尔和科勒（Felbermayr and Kohler，2010）和赫尔普曼等（Helpman et al.，2008），而利用企业或者产品层面的细分数据研究 WTO 作用的较少。在本文中，我们利用 HS－6 位产品水平上的非汇总数据将总体贸易数据分解为集约边际和扩展边际，与达特等（Dutt et al.，2013）和拜尔等（Baier et al.，2014）的研究较为相似，但还引入了相似性市场的作用，从而可以更加精确衡量 WTO 对贸易的影响。

本文的创新之处主要有以下几点。第一，在安德森和温库（Anderson and Wincoop，2003）加入多边阻力改进的引力方程基础上，结合现实情况和贸易理论，提出具有市场相似性的第三方国家影响，并采取合理指标进行实证估计和检验。考虑到国家对外贸易的成本，就两国的双边贸易而言，和其中某一国家存在文化、语言或者市场制度等相似性的第三方国家是否是 WTO 的成员会对两国的双边贸易产生溢出效应。具有市场相似性的第三方国家的影响明确化了模糊的多边阻力的作用机制，在贸易理论和经济学逻辑上为实证研究提供了新的方法和思路。第二，由于具有市场相似性的第三方国家（地区）加入 WTO 会产生贸易上的溢出效应，作用于双边国家的贸易量，因此在实证检验的基础上对此进行探究，可以从更丰富而全面的角度认识和理解 WTO 对成员方贸易产生的影响。第三，在区分贸易的集约边际和扩展边际的基础上进行估计，可以明确 WTO/GATT 在贸易中的角色，加入具有市场相似性的第三方国家（地区）的影响后在扩展边际上和集约边际上作用的区别，更加精确地衡量 WTO/GATT 对于贸易影响的机制。

三、模型与数据

（一）理论基础

经典引力模型是指两国之间的贸易流量与各自的经济规模成正比，与它们之间的距离成反比，正如物理学中的万有引力定律一样。基本形式可表示为：

$$X_{ij} = A\frac{Y_iY_j}{D_{ij}} \tag{1}$$

其中，X_{ij}表示两国之间的贸易流，经济规模 Y_i，Y_j 通常由各自的 GDP 表示，D_{ij}为两国之间的距离，A 为常数。引力模型在国际贸易、跨国投资、区域经济组织等领域的研究中扮演了重要的角色，现实拟合程度高，是用于研究双边贸易流量最常用的模型之一。

安德森和温库（Anderson and Wincoop，2003）在 CES 效用函数和地区分工生产异质性商品的基础上构造了一般均衡模型，并将贸易阻力分解为三部分：（1）国家 i 与国家 j 的双边贸易阻力；（2）国家 i 与其他所有地区的贸易阻力；（3）国家 j 与其他所有地区的贸易阻力。最终表达式为：

$$X_{ij} = \frac{Y_iY_j}{Y^w}\left(\frac{t_{ij}}{P_j\prod_i}\right)^{1-\sigma} \tag{2}$$

其中，σ 为 CES 效用函数的替代弹性，t_{ij}是两地区之间贸易成本，$\prod_i$ 为 i 国的市场价格指数，P_j 为 j 国的市场价格指数，分别为：

$$\prod\nolimits_i^{1-\sigma} = \sum_j\left(\frac{t_{ij}}{P_j}\right)^{1-\sigma}\frac{Y_j}{Y^w} \tag{3}$$

$$P_j^{1-\sigma} = \sum_i\left(\frac{t_{ij}}{\prod_i}\right)^{1-\sigma}\frac{Y_i}{Y^w} \tag{4}$$

$\prod_i$ 和 P_j 衡量了 i 国和 j 国分别与其他国家的贸易成本，即所谓的多边阻力项（multilateral resistance term，MRT）。多边阻力项表示两国之间的贸易不仅受到两国之间的贸易成本影响，还与第三方等其他国家有关。在实际应用中，很难对多边阻力项进行直接表达和估计，于是更为简单的方法是使用固定效应对不同地区加以区分，这也是大部分现有文献采取的方法。本文则在此模型基础上，添加代表多边阻力的市场相似性国家变量，对相似性第三方国家效应做出明确估计和解释。

（二）计量模型

本文在罗斯（Rose，2004a）基本模型基础上，结合安德森和温库（Anderson and Wincoop，2003）提出的多边阻力项，加入相似性市场影响，建立模型如下：

$$\begin{aligned}\ln X_{ijt} = {} & \alpha_0 + \alpha_1\ln D_{ij} + \alpha_2\ln(Y_iY_j)_t + \alpha_3Z_{ijt} + \alpha_4Bothin_{ijt} + \alpha_5Onein_{ijt} \\ & + \alpha_6Sim_{jt} + \sum_t\mu_tT_t + \varepsilon_{ijt}\end{aligned} \tag{5}$$

其中，X_{ijt}表示 t 年 i 国对 j 国的出口量。我们希望考察贸易边际上的影响，因此对出口量 X_{ijt}利用非加权方法进行分解（Lawless，2010；Dutt et al.，

2013）。首先，我们用 t 年从 i 国出口到 j 国的产品种类的个数 N_{ijt} 来表示扩展边际。在直观意义上，产品种类增加说明产生了新的产品贸易。集约边际则为每一种类产品平均贸易量，即 $\bar{x}_{ijt} = X_{itj}/N_{ijt}$。因此，t 年里 i 国向 j 国的总出口为扩展边际与集约边际的乘积：

$$X_{ijt} = N_{ijt} \times \bar{x}_{ijt} \tag{6}$$

在实证检验中，我们分别用两种边际作为因变量来估计。因此有：

$$\begin{aligned} \ln N_{ijt} = {} & \beta_0 + \beta_1 \ln D_{ij} + \beta_2 \ln(Y_i Y_j)_t + \beta_3 Z_{ijt} + \beta_4 Bothin_{ijt} + \beta_5 Onein_{ijt} \\ & + \beta_6 Sim_{jt} + \sum_t \mu_t T_t + \varepsilon_{ijt} \end{aligned} \tag{7}$$

$$\begin{aligned} \ln \bar{x}_{ijt} = {} & \gamma_0 + \gamma_1 \ln D_{ij} + \gamma_2 \ln(Y_i Y_j)_t + \gamma_3 Z_{ijt} + \gamma_4 Bothin_{ijt} + \gamma_5 Onein_{ijt} \\ & + \gamma_6 Sim_{jt} + \sum_t \mu_t T_t + \varepsilon_{ijt} \end{aligned} \tag{8}$$

其中，N_{ijt} 与 $\bar{x}_{ijt}$ 分别是扩展边际与集约边际。根据定义可知：

$$\log X_{ijt} = \log N_{ijt} + \log \bar{x}_{ijt} \tag{9}$$

引力方程的估计总是以对数形式，两种边际的对数值之和会等于总出口的对数值，两种边际的任意自变量的估计系数之和也会等于以总出口的对数值为因变量时估计出的系数。

对于解释变量，Y_i、Y_j 表示两国的实际 GDP，以美元为单位。D_{ij} 为两国地区之间的距离。$\sum_t \mu_t T_t$ 是年份虚拟变量，ε_{ijt} 则表示误差项。Z_{ijt} 是一系列控制变量：

（1）人均实际 GDP，i 国与 j 国在 t 年的人均实际 GDP；

（2）土地面积，i 国与 j 国的土地面积，单位为平方公里；

（3）普惠制，衡量两国是否有普惠制关系的虚拟变量；

（4）国土接壤，若 i 国 j 国有共同边界取 1，否则取 0 的虚拟变量；

（5）共同区域贸易协定，衡量 i 国和 j 国是否属同一区域贸易协定的虚拟变量；

（6）共同语言，衡量 i 国和 j 国是否有共同语言的虚拟变量；

（7）共同殖民地，i 国与 j 国 1945 年后曾同为某一国的殖民地取 1 否则取 0 的虚拟变量；

（8）曾属殖民国，若 i 国曾经殖民过 j 国或相反时取 1，否则取 0 的虚拟变量；

（9）同属某国，若 i 地区与 j 地区同属于某国的一部分取 1，否则取 0 的虚拟变量。①

主要解释变量如下：$Bothin_{ijt}$ 为 t 年两国都是 WTO 成员取 1 否则取 0 的虚拟变量，$Onein_{ijt}$ 为只有一国在 t 年是 WTO 成员时取 1 的虚拟变量。在多边阻

① 采用以经济单位划分的地区，并非都是国家，为了便利统一采用国家的称呼。

力项的衡量上加入了相似性国家的影响，Sim_{jt}是 t 年与进口国 j 国具有市场相似性的第三方国家中属于 WTO/GATT 成员的数目，代表多边阻力项。在衡量相似性时，主要采用国土接壤、共同语言、共同殖民地、共同法律起源、共同货币、共同收入组、共同地区和地理距离是否在 1 500 公里范围内为相似性指标，满足其中一种就被认为国家间具有相似性。

我们主要关心 $Bothin_{ijt}$、$Onein_{ijt}$ 和 Sim_{jt} 的系数。在罗斯（Rose，2004a）的检验中 WTO/GATT 成员身份的系数大部分都为负或不显著，而加入了代表多边阻力的变量 Sim_{jt}后，该系数是否发生变化是本文研究的重点。

（三）数据选取

本文贸易数据来自 French Centre Etudes Prospective Information International（CEPII）BACI 数据库，该数据库提供了全世界 200 多个国家（地区）共 5 000 多种产品的 HS－6 位产品代码水平上的出口量非汇总数据。WTO 成员信息来自 WTO 网站。市场相似性的指标来自 CEPII 的 Gravity Database 数据库，将其与来自 WTO 网站的 WTO 成员信息合并得到各年相似性国家属于 WTO 成员的数目。GDP、人口及地域数据来自世界银行 WDI 数据库，引力方程中关于其他控制变量的指标也取自 CEPII 的 Gravity Database 数据库。最终我们的数据集涵盖了 184 个出口国与 184 个进口国共 28 739 个国家（地区）对从 1995～2011 年共 17 年的数据。变量的选取与基本数据描述见附录 A 中的表 A. 1 和表 A. 2。

四、实证结果

（一）基本回归结果

对 WTO 在贸易总量和贸易边际上进行最小二乘（OLS）回归，并加入相似性市场的影响变量进行对比，以检验相似性市场对衡量 WTO 在促进双边贸易上的作用。表 1 汇报了本文的基本回归结果，其中前三列没有添加具有市场相似性的第三方国家的影响变量 Sim_{jt}，后三列则展现了添加后的回归结果。

从前三列结果中可知，对于出口总量而言，两国或一国属于 WTO 成员系数为正，表明 WTO 成员身份可以促进两国间的出口，但是系数并不显著。在扩展边际上，WTO 对出口有显著的正向影响，Bothin 和 Onein 的 OLS 估计系数均为8%，且p值小于0.05。在集约边际上WTO成员的系数均为负。这样的结果显示WTO在出口扩展边际上具有积极的影响，意味着WTO更多地降低了两国间的固定成本，促进了新贸易关系的建立，而新的产品对于已经存在的产品贸易数量则有了稀释作用，因此集约边际系数多为负，两者共同作用于总出口。达特等（Dutt et al.，2013）的研究表明WTO成员的身份使得国家在扩展边际上增加了约25%的出口，集约边际上则是负的影响，与本文的结果一致。

后三列加入相似性国家的影响后，部分回归结果发生了变化。第（4）列中Bothin和Onein的系数都变大了且变显著了；在第（5）列扩展边际上也有同样的作用，系数变大的同时显著性增强，p值为0.01；而在集约边际上的负向影响发生了向零趋势，负向影响减小。在回归中仅仅添加了一个变量便产生了这样的对比，说明具有市场相似性的第三方国家对于衡量WTO/GATT的影响十分重要，并且以具有市场相似性第三方国家的影响来代表多边阻力项的做法也得到了实证上的支持。

在前文的分析中提到，与j国相似的国家加入WTO，市场的相似性会减少不确定性和风险，从而使i国出口到j国的成本间接降低，即产生溢出效应。第（4）~（6）列的回归结果显示与进口国具有市场相似性的第三方国家中属于WTO/GATT成员数目的变量Sim的估计系数均显著大于0，且p值都小于0.01。这样的结果验证了前文提出的具有与进口国相似市场的第三方国家的WTO成员这一身份属性会带来贸易溢出效应，同时也呼应了一些学者在国家或企业的出口路径上倾向于选择与已有伙伴国具有相似性市场的发现（Castagnino，2010；Regolo，2013）。

此外，引力模型的实证表现十分良好，如GDP、共同语言、共同区域贸易协定等系数均为正，表明两国经济产出和规模越大贸易来往越丰富，拥有语言、殖民地、区域贸易协定等文化、历史上的共同点对双方贸易有积极影响，相反，两国距离越远则贸易越少，且本国面积越大在一定程度上说明了本国市场规模较大，与国外贸易偏少，因此距离项和面积项系数为负。由于基本上所有的引力方程变量的系数都符合预期符号，且在统计上是显著的，在文章其他回归中将不再列出或解释相关结果，而重点关注WTO和相似性国家的影响。

表1　　基本回归结果

变量	(1)	(2)	(3)	(4)	(5)	(6)
	Overall	Extensive	Intensive	Overall	Extensive	Intensive
Bothin	0.07 (0.12)	0.08** (0.02)	-0.01 (0.75)	0.08* (0.09)	0.08*** (0.01)	-0.01 (0.80)

续表

变量	(1)	(2)	(3)	(4)	(5)	(6)
	Overall	Extensive	Intensive	Overall	Extensive	Intensive
Onein	0. 07 (0. 13)	0. 08 ** (0. 02)	-0. 01 (0. 76)	0. 07 * (0. 09)	0. 08 ** (0. 01)	-0. 01 (0. 81)
Sim				0. 01 *** (0. 00)	0. 08 *** (0. 00)	0. 00 *** (0. 00)
GSP	-0. 16 *** (0. 00)	-0. 48 *** (0. 00)	0. 31 *** (0. 00)	-0. 08 * (0. 07)	-0. 41 *** (0. 00)	0. 34 *** (0. 00)
Ldist	-1. 00 *** (0. 00)	-0. 68 *** (0. 00)	-0. 32 *** (0. 00)	-1. 03 *** (0. 00)	-0. 70 *** (0. 00)	-0. 33 *** (0. 00)
Lgdp	1. 08 *** (0. 00)	0. 66 *** (0. 00)	0. 42 *** (0. 00)	1. 08 *** (0. 00)	0. 66 *** (0. 00)	0. 42 *** (0. 00)
Lgdpper	-0. 10 *** (0. 00)	-0. 01 ** (0. 04)	-0. 08 *** (0. 00)	-0. 08 *** (0. 00)	-0. 01 (0. 47)	-0. 08 *** (0. 00)
Larea	-0. 11 *** (0. 00)	-0. 10 *** (0. 00)	-0. 01 *** (0. 00)	-0. 11 *** (0. 00)	-0. 09 *** (0. 00)	-0. 01 *** (0. 01)
RTA	1. 02 *** (0. 00)	0. 66 *** (0. 00)	0. 36 *** (0. 00)	1. 05 *** (0. 00)	0. 69 *** (0. 00)	0. 37 *** (0. 00)
Contig	1. 14 *** (0. 00)	0. 77 *** (0. 00)	0. 36 *** (0. 00)	1. 16 *** (0. 00)	0. 79 *** (0. 00)	0. 37 *** (0. 00)
Comcol	0. 38 *** (0. 00)	0. 05 (0. 32)	0. 33 *** (0. 00)	0. 45 *** (0. 00)	0. 10 ** (0. 04)	0. 35 *** (0. 00)
Colony	1. 04 *** (0. 00)	0. 93 *** (0. 00)	0. 12 ** (0. 03)	1. 03 *** (0. 00)	0. 92 *** (0. 00)	0. 11 ** (0. 04)
Comlang	0. 52 *** (0. 00)	0. 41 *** (0. 00)	0. 11 *** (0. 00)	0. 40 *** (0. 00)	0. 33 *** (0. 00)	0. 07 *** (0. 01)
Comna	0. 43 *** (0. 00)	0. 40 *** (0. 00)	0. 03 (0. 34)	0. 36 *** (0. 00)	0. 35 *** (0. 00)	0. 01 (0. 81)
Constant	-32. 25 *** (0. 00)	-20. 72 *** (0. 00)	-11. 54 *** (0. 00)	-32. 87 *** (0. 00)	-21. 14 *** (0. 00)	-11. 73 *** (0. 00)

续表

变量	(1)	(2)	(3)	(4)	(5)	(6)
	Overall	Extensive	Intensive	Overall	Extensive	Intensive
观测值	330 894	330 894	330 894	330 894	330 894	330 894
R^2	0. 65	0. 62	0. 35	0. 65	0. 63	0. 35

注：括号内为 p 值，*** $p<0.01$，** $p<0.05$，* $p<0.1$。

（二）扩展讨论

1. HK 分解贸易边际

作为稳健性检验，我们采用赫梅尔斯和克列诺（Hummels and Klenow，2005）提出的加权分解方法对贸易边际进行分解。与本文上述分解方法不同的是，产品在这里被赋予了权重。X_{ij} 表示 t 年 i 国向 j 国的出口，根据 HK，产品的扩展边际为：

$$EM_{ijt} = \frac{\sum_{p \in P_{ijt}} X_{Wjt}^{p}}{\sum_{p \in P_{Wjt}} X_{Wjt}^{p}} \tag{10}$$

其中，X_{Wjt}^{p}是指 t 年 j 国从世界各国进口产品 p 的总量，P_{Wjt}是 t 年 j 国从世界各国进口的所有产品种类，而 P_{ijt}是指 t 年 j 国从 i 国进口的产品种类。因此，用 EM_{ijt}衡量扩展边际时，i 国出口到 j 国的每种产品都按其在世界出口到 j 国的所有产品中的重要性被赋予不同权重。同时，集约边际为：

$$IM_{ijt} = \frac{\sum_{p \in P_{ijt}} X_{Ijt}^{p}}{\sum_{p \in P_{ijt}} X_{Wjt}^{p}} \tag{11}$$

其中，X_{Ijt}^{p}是 t 年 i 国对 j 国的出口量。因此，IM_{ijt}代表的是在 i 国对 j 国出口的产品种类中，i 国在 j 国从世界所有的进口中所占的份额比重。可以看出，集约边际和扩展边际的乘积为 t 年 i 国向 j 国的出口与 j 国所有的进口值之比，即：

$$EM_{ijt}IM_{ijt} = \frac{\sum_{p \in P_{ijt}} X_{Ijt}^{p}}{\sum_{p \in P_{Wjt}} X_{Wjt}^{p}} = \frac{X_{ijt}}{X_{jt}} = Overall_{ijt} \tag{12}$$

因此在 HK 分解中则有：

$$\log Overall_{ijt} = \log EM_{ijt} + \log IM_{ijt} \tag{13}$$

表 2 汇报了对用 HK 分解方法得出的贸易边际进行 OLS 回归的结果，与基本回归结果较为相似。在加入市场相似性国家影响后，虽然不具有统计显

著性，但 Bothin 的系数普遍变大，对出口总量和扩展边际有更大的正向影响。Onein 系数估计值的变化规律与之相似，在对扩展边际的影响上促进作用显著增强，对集约边际的负向影响也随之消失。因此，采取不同的分解方法加入市场相似性国家影响的变量后 WTO 对贸易的积极影响也一样变得更加明显。

表 2　　HK 分解边际回归结果

变量	(1)	(2)	(3)	(4)	(5)	(6)
	Overall	Extensive	Intensive	Overall	Extensive	Intensive
Bothin	0.00 (0.95)	0.04 (0.30)	-0.04 (0.30)	0.01 (0.87)	0.05 (0.22)	-0.04 (0.39)
Onein	0.05 (0.39)	0.07* (0.07)	-0.01 (0.74)	0.07 (0.25)	0.08** (0.04)	0.00 (0.91)
Sim				0.02*** (0.00)	0.01*** (0.00)	0.01*** (0.00)
控制变量	控制	控制	控制	控制	控制	控制
观测值	330 894	330 894	330 894	330 894	330 894	330 894
R^2	0.32	0.44	0.09	0.33	0.44	0.10

注：括号内为 p 值，*** p<0.01，** p<0.05，* p<0.1。

2. 罗斯数据对比

表 3 是罗斯（Rose，2004a）文章基本回归结果与加入相似性影响后的结果对比。其中，第（1）、第（4）列为基本的 OLS 回归结果，第（2）、第（5）列剔除了工业国家样本，第（3）、第（6）列则只保留 1970 年后的观测值。由于罗斯采用的是双边贸易平均量，考虑相似性国家影响时，i 国与 j 国的相似性国家都应考虑在内，因此分别加入了 Num1、Num2 变量，表示与 i 国相似的国家中属于 WTO 的数目和与 j 国相似的国家中属于 WTO 的数目。可以看到，第（4）列的回归中 Bothin 的系数变为正向，Onein 的负向系数也减小了；在第（5）列中 Bothin 和 Onein 的负向影响不仅都变小了，显著性也降低很多，其中 Bothin 的负向影响变为不显著；而在第（6）列 1970 年后样本的回归中，二者的系数都发生了向零趋势，负向影响减小。采用罗斯（Rose，2004a）的原数据，保持其他因素不变的情况下加入相似性变量进行对比，说明结果的变化都是在本文提出的相似性市场的影响下发生的。在罗斯（Rose，2004a）的数据存在一些问题的情况下我们得到的结果仍然良好，这表明以相似性市场表示的多边阻力项会影响对 WTO 作用的衡量是符合理论和现实情况的。

表 3　　罗斯数据对比回归结果

变量	(1)	(2)	(3)	(4)	(5)	(6)
	基本 OLS	无工业国	1970 年后	基本 OLS	无工业国	1970 年后
Bothin	-0.04 (0.42)	-0.21*** (0.00)	-0.08 (0.25)	0.01 (0.16)	-0.06 (0.39)	-0.02 (0.77)
Onein	-0.06 (0.23)	-0.20*** (0.00)	-0.09 (0.20)	-0.02 (0.31)	-0.13** (0.03)	-0.04 (0.57)
Num1				-0.01*** (0.00)	-0.03*** (0.00)	-0.01*** (0.00)
Num2				-0.01*** (0.00)	-0.02*** (0.00)	-0.01*** (0.00)
控制变量	控制	控制	控制	控制	控制	控制
观测值	234 597	114 615	183 328	227 473	114 615	178 314
R^2	0.65	0.47	0.65	0.65	0.48	0.65

注：括号内为 p 值，*** p<0.01，** p<0.05，* p<0.1。

3. 关于固定效应

现有考虑多边阻力项的文献都选择模糊地添加固定效应，本文进一步探究添加市场相似性国家影响和直接使用固定效应的区别。固定效应作为一种估计方法，对于数据结构有一定要求，在应用上还与其他方面如异质性等有关，因此笼统地将其作为多边阻力项的添加效果不一定精准。

表 4　　固定效应回归结果对比

Fixed Effects	Overall		Extensive		Intensive	
	Bothin	Onein	Bothin	Onein	Bothin	Onein
Country - Fixed	-0.01 (0.56)	-0.02 (0.41)	0.01 (0.54)	0.00 (0.72)	-0.02 (0.30)	-0.02 (0.23)
Country-pair	-0.05*** (0.00)	-0.02 (0.20)	-0.04*** (0.00)	-0.01 (0.29)	-0.01 (0.36)	-0.01 (0.36)
Importer-year	0.11*** (0.01)	0.08* (0.05)	0.12*** (0.00)	0.09*** (0.00)	-0.01 (0.77)	-0.01 (0.68)
Exporter-year	-0.07* (0.09)	-0.02 (0.53)	-0.05** (0.03)	-0.02 (0.49)	-0.02 (0.55)	-0.01 (0.75)

注：括号内为 p 值，*** p<0.01，** p<0.05，* p<0.1，所有回归中都控制了与基准回归相同的控制变量。

表4列出了加入各种不同固定效应回归结果。其中，Country - Fixed 为进口国和出口国固定效应，Country-pair 为国家对固定效应，Importer-year 为进口国—时间层面的固定效应，Exporter-year 为出口国—时间层面的固定效应。加入进口国和出口国固定效应后，WTO 在扩展边际上的影响为正，在集约边际和总出口量上的影响全部为负，但估计系数都不显著，而赫尔普曼等（Helpman et al.，2008）在加入进口国和出口国固定效应后得出了正向结论。加入国家的固定效应后 WTO 对贸易的作用则全部变为负向影响，且在总出口量和扩展边际上，双方都是 WTO 成员的负向影响非常显著，这与艾西尔和海恩（Eicher and Henn，2011）所得出的 WTO 没有显著积极影响的结果类似。加入进口国—时间层面的固定效应后，WTO 在出口总量和扩展边际上有显著的积极影响，但是换成加入出口国—时间层面的固定效应后，这种积极作用又消失了，与达特等（Dutt et al.，2011）的研究结果相似。

因此，固定效应在对多边阻力项的控制上作用不一。同样都是选择添加随时间变化的国家固定效应来表示多边阻力项，苏布兰马尼安和魏（Subramanian and Wei，2007）证明了 WTO 的正向影响，而罗伊（Roy，2011）却仍然得出了 WTO 作用不显著的结论。这表明在"WTO 之谜"的解释上，固定效应的选择和作用还有待进一步的研究。而本文则证明将市场相似性国家的影响作为多边阻力项的明确化有更加清晰的结果。多边阻力这一理论概念在实证中需要结合所分析的问题和使用的数据结构进行解析，明确由多边阻力表示的第三方国家效应到底体现在什么方面，才能得到更好的估计。本文的回归结果证明了具有市场相似性的第三方国家的影响对衡量 WTO 的作用的必要性，可以从经济意义上解释多边阻力项，从而更加理想地估计 WTO 对贸易的真正作用。

4. 零贸易量的处理

由于估算引力模型的标准方法是取对数后估计其对数的线性关系，因此只有存在双边贸易关系的国家会被纳入计量分析，零贸易量将从估计中被剔除。如果零贸易量反映了由于贸易成本或者经济规模太小而导致无法贸易的情况，那么零贸易量是含有信息的。而零贸易量转为正向贸易量则表明原来没有贸易的国家产生了贸易关系，这对于衡量 WTO 的作用非常重要（Chaney，2008；Konya，2011；Baier，2014）。处理零贸易量常用的方法是 Tobit 估计和泊松伪最大似然估计（Poisson Pseudo - Maximum - Likelihood，PPML）。希尔瓦和特雷罗（Silva and Tenreyro，2006）提出在大多数对数线性化的模型运用 PPML 的偏差是最小的，因此是估计引力方程更好的选择。表5汇报了这部分的回归结果。

表 5　考虑零贸易量的回归结果

变量	(1)	(2)	(3)	(4)	(5)	(6)
	Ln(Over+1)	Ln(EX+1)	Ln(IN+1)	Overall	Extensive	Intensive
Bothin	0.15** (0.02)	0.11*** (0.00)	0.05 (0.22)	0.04 (0.19)	0.05*** (0.00)	-0.08 (0.53)
Onein	0.13** (0.04)	0.09*** (0.01)	0.04 (0.34)	0.03 (0.30)	0.01 (0.51)	-0.08 (0.51)
Sim	0.01***	0.01***	0.01***	0.00***	-0.00***	0.01***
控制变量	控制	控制	控制	控制	控制	控制
观测值	466 194	466 194	466 194	466 194	466 194	466 194
R^2				0.73	0.55	0.01

注：括号内为 p 值，*** p<0.01，** p<0.05，* p<0.1。

前三列是采用 Tobit 方法估计的结果，表明 WTO 在总出口量和扩展边际上的影响都是积极且非常显著的，对集约边际的影响虽不具有统计显著性但为正值，表明 WTO 的影响较为稳定。后三列则是采用 PPML 方法估计的结果，此时只有 Bothin 对扩展边际具有显著的正向影响，在集约边际上 Bothin 和 Onein 的估计系数均为负值但仍不显著。因此，在考虑零贸易量后，模型结果依然较为稳健，说明加入相似性国家影响后，WTO 对贸易的影响更为清晰显著。

5. 不同计量方法

最后，采取不同的计量方法进行稳健性检验，回归结果见表 6 和表 7。表 6 中，第（1）~（3）列中使用 Driscoll - Kraay 标准差回归的固定效应模型来综合修正异方差，在此估计方法中，Bothin 和 Onein 的系数在总出口量和扩展边际上全部显著为正，集约边际下的负向影响并不显著。随后第（4）~（6）列中采用加权最小二乘法，结果显示扩展边际下 WTO 的影响依然积极且显著。表 7 则为分别采用广义线性回归和极大似然估计回归的结果，虽然估计系数不具有统计显著性，但是扩展边际上双边和单边 WTO 成员系数都为正向，集约边际下为负向，总量上双方都为 WTO 成员时为正，单方时为负。因此，一系列稳健性检验的结果表明，加入相似性市场影响后得到的 WTO 对于双边贸易的正向影响这一结论是较为可靠的。

表 6　不同计量方法结果（一）

变量	(1)	(2)	(3)	(4)	(5)	(6)
	Overall	Extensive	Intensive	Overall	Extensive	Intensive
Bothin	0.08*** (0.00)	0.08*** (0.00)	-0.01 (0.55)	0.07 (0.13)	0.08** (0.01)	-0.02 (0.63)

续表

变量	(1)	(2)	(3)	(4)	(5)	(6)
	Overall	Extensive	Intensive	Overall	Extensive	Intensive
Onein	0. 08 *** (0. 00)	0. 08 *** (0. 00)	-0. 01 (0. 49)	0. 07 (0. 11)	0. 08 ** (0. 01)	-0. 01 (0. 68)
Sim	0. 01 *** (0. 00)	0. 01 *** (0. 00)	0. 00 *** (0. 00)	0. 01 *** (0. 00)	0. 01 *** (0. 00)	0. 00 *** (0. 00)
控制变量	控制	控制	控制	控制	控制	控制
观测值	330 894	330 894	330 894	330 894	330 894	330 894
R^2	0. 65	0. 63	0. 34	0. 66	0. 64	0. 36

注：括号内为 p 值，*** p<0. 01，** p<0. 05，* p<0. 1。

表 7　　不同计量方法结果（二）

变量	(1)	(2)	(3)	(4)	(5)	(6)
	Overall	Extensive	Intensive	Overall	Extensive	Intensive
Bothin	0. 00 (0. 89)	0. 01 (0. 17)	-0. 01 (0. 38)	0. 00 (0. 90)	0. 01 (0. 18)	-0. 01 (0. 39)
Onein	-0. 01 (0. 70)	0. 01 (0. 32)	-0. 02 (0. 20)	-0. 01 (0. 70)	0. 01 (0. 33)	-0. 02 (0. 20)
Sim	0. 01 *** (0. 00)	0. 01 *** (0. 00)	0. 00 *** (0. 00)	0. 01 *** (0. 00)	0. 01 *** (0. 00)	0. 00 *** (0. 00)
控制变量	控制	控制	控制	控制	控制	控制
观测值	330 894	330 894	330 894	330 894	330 894	330 894

注：括号内为 p 值，*** p<0. 01，** p<0. 05，* p<0. 1。

五、结　　论

罗斯（Rose，2004a）发现在实证中检验 WTO 对贸易的影响并不显著，由此引发了一系列对“WTO 之谜”的讨论。本文从市场相似性的角度出发，说明具有市场相似性的第三方国家是否属于 WTO 成员会对双边国家贸易产生溢出效应，忽略这样的影响会对 WTO 产生的贸易作用估计发生偏差。本文首先以安德森和温库（Anderson and Wincoop，2003）改进的引力模型为理论基础，证明了多边阻力的重要性，结合贸易理论加入具有市场相似性的第三方国家的影响，从市场相似性的角度明确多边阻力的作用机制。其次，区分了贸易的扩展边际和集约边际，利用28 739个国家（地区）对共17年的数据，分别采用非加权和加权方法对贸易边际进行分解，然后进行了一系列实证检验。结果证明，WTO在贸易的扩展边际上有绝对的积极作用而在集约边际上的作用不明显。加入相似性市场影响后，强化了这一结果，并得到了总体上WTO对贸易量有正向影响，从而从新的视角解释了“WTO之谜”。

从结果中可以看出，在区分贸易边际和加入相似性市场的影响后，WTO的作用转为正向，并且在扩展边际上有显著的积极影响，在集约边际上的影响不具有统计显著性。这表明WTO对贸易的积极作用主要在扩展边际，帮助降低了成员方之间出口的固定成本，减少了不确定性，有利于产生新的贸易关系，出口新的产品等。并且这种作用在加入具有市场相似性的第三方国家的影响后更为明显，体现了相似性市场加入WTO后的溢出效应。见表A.1～A.2

附录

表A.1 变量的定义

变量	名称	含义
$\ln X_{ijt}$	出口总量	t年i国向j国的出口总量，取对数
$\ln N_{ijt}$	扩展边际（非加权）	t年i国向j国出口的产品种类数，取对数
$\ln \bar{x}_{ijt}$	集约边际（非加权）	t年i国向j国出口的平均产品量，取对数
$\ln Overall_{ijt}$	出口比率	t年i国向j国出口量与j国总进口量之比，取对数
$\ln EM_{ijt}$	扩展边际（加权）	按照HK分解方法计算的扩展边际，取对数
$\ln IM_{ijt}$	集约边际（加权）	按照HK分解方法计算的集约边际，取对数
Bothin	双边WTO/GATT成员身份	i国与j国都为GATT/WYO成员时取1否则取0的虚拟变量
Onein	单边WTO/GATT成员身份	i国与j国其中一国为GATT/WYO成员时取1否则取0的虚拟变量
Sim	j国相似性国家影响	进口国j国的相似性国家中属于WTO/GATT数目
GSP	普惠制	衡量两国是否有普惠制关系的虚拟变量
Ldist	距离	i国与j国的距离，取对数
Lgdp	实际GDP	i国与j国在t年的实际GDP乘积，取对数
Lgdpper	人均实际GDP	i国与j国在t年的人均实际GDP乘积，取对数
Larea	土地面积	i国与j国的土地面积乘积，平方公里，取对数
RTA	共同区域贸易协定	衡量i国和j国是否属于同一区域贸易协定的虚拟变量
Contig	国土接壤	若i国j国国土接壤取1，否则取0的虚拟变量

续表

变量	名称	含义
Comlang	共同语言	衡量 i 国和 j 国是否有共同语言的虚拟变量
Comcol	共同殖民地	若 i 国与 j 国 1945 年后曾同为某一国的殖民地取 1，否则取 0 的虚拟变量
Colony	曾属殖民国	若 i 国曾经殖民果 j 国或相反时取 1，否则取 0 的虚拟变量
Comna	共属某国	若 i 地区与 j 地区同属于某国的一部分取 1，否则取 0 的虚拟变量。

注：模型中采用以经济单位划分的地区，并非所有都是国家，其余地方为了便利统一采用国家的称呼。

表 A.2　　变量的描述统计

变量	观测值	平均值	标准误	最小值	最大值
$\ln X_{ijt}$	340 071	7.88	3.70	0.00	19.72
$\ln N_{ijt}$	340 071	3.35	2.34	0.00	8.50
$\ln \bar{x}_{ijt}$	340 071	4.53	1.98	0.00	14.84
$\ln Overall_{ijt}$	340 071	-8.33	3.47	-20.70	-0.04
$\ln EM_{ijt}$	340 071	-3.73	2.60	-17.92	0.00
$\ln IM_{ijt}$	340 071	-4.60	2.20	-16.58	0
Bothin	488 563	0.57	0.49	0	1
Onein	488 563	0.37	0.48	0	1
Sim	482 749	71.13	18.39	24	116
GSP	488 563	0.07	0.25	0	1
Ldist	477 700	8.71	0.78	4.11	9.89
Lgdp	478 027	47.59	3.17	34.83	59.44
Lgdpper	476 287	16.20	2.29	8.76	22.81
Larea	488 563	22.97	3.68	6.66	32.67
RTA	477 700	0.04	0.20	0	1
Contig	477 700	0.02	0.13	0	1
Comlang	477 700	0.10	0.30	0	1
Comcol	477 700	0.01	0.12	0	1
Colony	477 700	0.17	0.38	0	1
Comna	477 700	0.17	0.38	0	1

参考文献

1. Anderson J E, van Wincoop E. Gravity with gravitas: a solution to the border puzzle [J]. American Economic Review, 2003, 93 (1): 170 - 192.

2. Baier S L, Bergstrand J H. Do free trade agreements actually increase members' international trade? [J]. Journal of International Economics, 2007, 71 (1): 72 - 95.

3. Baier S L, Bergstrand J H. Estimating the effects of free trade agreements on trade flows using matching econometrics [J]. Journal of International Economics, 2009, 77 (1): 63 - 76.

4. Baier S L, Bergstrand J H, Feng M. Economic Integration agreements and the margins of international trade [J]. Journal of International Economics, 2014, 93 (2): 339 - 350.

5. Bernard A B, Jensen J B. Exceptional exporter performance: cause, effect, or both? [J]. Journal of International Economics, 1999, 47 (1): 1 - 25.

6. Borchert I. Preferential trade liberalization and the path-dependent expansion of exports. University of St [J]. Gallen Department of Economics Working Paper Series, 2007 (6): 2007.

7. Castagnino T. Export costs and geographic diversification: Does experience matter? [J]. Banco Central de la Republica Argentina Working Paper, 2010 (2011/52).

8. Chaney T. Distorted Gravity: The Intensive and Extensive Margins of International Trade [J]. The American Economic Review, 2008, 98 (4): 1707 - 1721.

9. Chang P - L, Lee M - J. The WTO trade effect [J]. Journal of International Economics, 2011, 85 (1): 53 - 71.

10. Cheong J, Kwak D W, Tang K K. The WTO puzzle, multilateral resistance terms and multicollinearity [J]. Applied Economics Letters, 2014, 21 (13): 928 - 933.

11. Cristea A D, Miromanova A. Firm-level trade effects of WTO accession: Evidence from Russia [J]. Review of International Economics, 2022, 30 (1): 237 - 281.

12. Deardorff A. Determinants of bilateral trade: does gravity work in a neoclassical world? // Stern R M (ed) [J]. Comparative Advantage, Growth, and the Gains from Trade and Globalization: A Festschrift in Honor of Alan V Deardor-

ff, Chapter 24. Chicago, 2011: 267 -293.

13. Defever F, Heid B, Larch M. Spatial exporters [J]. Journal of International Economics, 2015, 95 (1): 145 -156.

14. Dutt P, Mihov I, Van Zandt T. The effect of WTO on then extensive and intensive margins of trade [J]. Journal of International Economics, 2013, 91 (2): 204 -219.

15. Eicher T S, Henn C. Insearch of WTO trade effects: preferential trade agreements promote trade strongly, but unevenly [J]. Journal of International Economics, 2011, 83 (2): 137 -153.

16. Elleby C, Yu W, Yu Q. The Chinese export displacement effect revisited: the case of the East African Community [J]. China and World Economy, 2023.

17. Esteve - Pérez S, Gil - Pareja S, Llorca - Vivero R. Does the GATT/WTO promote trade? After all, Rose was right [J]. Review of World Economics, 2020, 156 (2): 377 -405.

18. Felbermayr G, Kohler W. Modelling the Extensive Margin of World Trade: New Evidence on GATT and WTO Membership [J]. The World Economy, 2010, 33 (11): 1430 -1469.

19. Helpman E, Melitz M, Rubinstein Y. Estimating trade flows: trading partners and trading volumes [J]. The Quarterly Journal of Economics, 2008, 123 (2): 441 -487.

20. Hummels D, Klenow P J. The variety and quality of a nation's exports [J]. The American Economic Review, 2005, 95 (3): 704 -723.

21. Kim M H. Does the WTO promote trade? Further evidence [J]. The Journal of International Trade and Economic Development, 2010, 19 (3): 421 - 437.

22. Konya L, Matyas L, Harris M. GATT/WTO membership does promote international trade after all-some new empirical evidence [J]. MPRA Working Paper, 2011 (34978).

23. Liu X. GATT/WTO promotes trade strongly: sample selection and model specification [J]. Review of International Economics, 2009, 17 (3): 428 - 446.

24. Martínez - Zarzoso I, Felicitas N - L D, Horsewood N. Are regional trading agreements beneficial? Static and dynamic panel gravity models [J]. North American Journal of Economics and Finance, 2009, 20 (1): 46 -65.

25. Melitz M J. The impact of trade on intra-industry reallocations and aggre-

gate industry profitability [J]. Econometrica, 2003, 71 (6): 1695 - 1725.

26. Molina A C. Are preferential agreements stepping stones to other markets? [J]. IHEID Working Papers, 2010 (13).

27. Regolo J. Export diversification: How much does the choice of the trading partner matter? [J]. Journal of International Economics, 2013, 91 (2): 329 - 342.

28. Reis M, Silva Pôrto S, Azevedo A F Z. The impacts of the World Trade Organization on new members [J]. World Economy, 2021, 44 (7): 1944 - 1972.

29. Rose A K. Does the WTO Make Trade More Stable? [J]. Open Economies Review 2005, 16: 7 - 22.

30. Rose A K. Do we really know that the WTO increases trade? [J]. The American Economic Review, 2004a, 94 (1): 98 - 114.

31. Rose A K. Do WTO members have more liberal trade policy? [J]. Journal of International Economics 2004b, 63 (2): 209 - 235.

32. Rose A K. The effect of membership in the GATT/WTO on trade: where do we stand? // Drabek Z (ed) [J]. Is the World Trade Organization Attractive Enough for Emerging Economies?, Chapter 7. 2010: 195 - 216.

33. Roy J. Is WTO mystery really solved? [J]. Economics Letters, 2011, 113 (2011): 127 - 130.

34. Santos Silva J M C, Tenreyro S. The log of gravity [J]. The Review of Economics and Statistics, 2006, 88 (4): 641 - 658.

35. Subramanian A, Wei S J. The WTO promotes trade, strongly but unevenly [J]. Journal of International Economics, 2007, 72 (1): 151 - 175.

36. Tomz M, Goldstein J L, Rivers D. Do we really know that the WTO increases trade? Comment [J]. American Economic Review, 2007, 97 (5): 2005 - 2018.

37. Wang L, Zhao Y. Does experience facilitate entry into new export destination? [J]. China and World Economy, 2013, 21 (5): 36 - 59.

38. Wei S J. Intra-national versus international trade: how stubborn are nations in global integration? [J]. NBER Working Paper, 1996 (5531).

Trade Margin, the Third Party Effect of Free Trade Agreement and the “ WTO Puzzle”

Zhao Yong   Zhang Danlei   Shuai Ye

[**Abstract**] As the largest world economic organization, WTO/GATT has always been considered to play an important role in reducing trade barriers and promoting trade liberalization. However, the “WTO Puzzle” proposed by Ross found that the positive effects of WTO/GATT on trade could not be well verified in empirical studies. On the basis of distinguishing the extensive margin and intensive margin of trade, from the perspective of market similarity, this paper defines the mechanism and economic significance of multilateral resistance, and measures the effect of WTO/GATT on trade by adding the impact of the countries with market similarity on bilateral trade. The results show that WTO/GATT changes from an insignificant or negative effect to a positive effect after the inclusion of the influence of similar markets, and the promoting effect of WTO/GATT on trade is reflected in the extensive margin rather than the intensive margin, thus clarifying the important role of WTO/GATT on trade and explaining the “WTO Puzzle” from a new perspective.

[**Key Words**] The WTO puzzle   market similarity   multilateral resistance   extensive margin   intensive margin

JEL Classifications: F18

中国自由贸易试验区制度创新进展与发展方向

毛艳华*

【摘　要】党的十八大以来，中国对外开放和深化改革已经形成了一整套新思路，其中建设自由贸易试验区是新时代中国推进改革开放的一项战略举措。中国设立自由贸易试验区，就是要充分发挥自由贸易试验区作为制度创新“试验田”的作用，在构建政府与市场关系、扩大服务业开放、对接国际贸易新规则和推进新动能新业态新模式发展等改革范畴探索新体制与新机制。中国自由贸易试验区设立十年来，以制度创新为核心，自由贸易试验区在投资与贸易管理、金融制度、事中事后监管、知识产权保护与法治化建设等各个方面开展改革创新，成为新时代改革开放的新高地。同时，自贸试验区在优化区域布局、引领营商环境改善、推广制度创新成果、对接国家重大发展战略、打造区域经济“增长极”等五个方面取得了显著成效。党的二十大报告提出“推进高水平对外开放”。中国自由贸易试验区应继续发挥制度创新的优势，探索更高水平的对外开放和更深层次的改革创新，进一步打造国际化、便利化、法治化的营商环境，为中国实施高水平对外开放提供新动力。

【关键词】自由贸易试验区　制度创新　改革开放　发展方向

一、自由贸易试验区设立的缘由

贸易投资自由化是当今世界经济全球化的最重要特征。改革开放以来，中国深度参与全球产业分工，通过发挥比较优势，实施出口导向工业化战略，

* 毛艳华，中山大学区域开放与合作研究院院长、中山大学港澳珠江三角洲研究中心教授，通信地址：广东省广州市海珠区新港西路135号中山大学文科楼622室，邮政编码：510275，电子信箱：mnsmyh@ mail. sysu. edu. cn。

实现了对外贸易的快速增长，综合国力得到极大提升，成为全球化的重要参与者、贡献者和受益者。2008 年国际金融危机爆发后，世界经济步入深度调整期，中国经济发展进入新常态。面对国内外新形势和新挑战，2013 年 11 月 12 日，党的十八届三中全会通过的《中共中央关于全面深化改革若干重大问题的决定》提出实施自由贸易区战略。中国设立自由贸易试验区，就是要充分发挥自由贸易试验区作为制度创新“试验田”的作用，试验构建有关政府与市场关系改革的精神，探索建立与服务业扩大开放相适应的新体制和新机制，跟踪测试与国际贸易新规则相衔接的新体制和新机制，创新探索促进新动能新业态新模式发展的集成性制度，为中国全面深化改革和扩大开放探索新途径、积累新经验（毛艳华，2018）。

第一，试验构建有关政府与市场关系改革的精神。对外开放是中国的一项基本国策，改革推动中国社会发展的直接动力。十一届三中全会以来，中国大力推进市场化改革，带来生产力的大解放，实现了国民经济的快速增长。从传统的计划经济体制转向社会主义市场经济体制的过程中，中国对市场化改革的认识不断深化。改革开放之初引入市场机制，经济特区和沿海经济率先活跃起来；1984 年党的十二届三中全会通过的《中共中央关于经济体制改革的决定》，第一次明确提出社会主义经济是有计划的商品经济，为走向社会主义市场经济打开了大门；1993 年党的十四届三中全会通过的《中共中央关于建立社会主义市场经济体制若干问题的决定》，确立了社会主义市场经济体制改革目标，明确在社会主义国家宏观调控下使市场在资源配置中发挥基础性作用；2003 年党的十六届三中全会作出关于完善社会主义市场经济体制的决定。党的十八大后，改革开放到了一个新的历史关头，改革进入攻坚期和深水区。随着国内人口红利逐渐消失，必须加快推进产业结构和发展方式的调整，从低成本优势转变为质量效益型市场竞争优势。因此，2013 年党的十八届三中全会进一步提出使市场在资源配置中起决定性作用，使社会主义市场经济体制走向成熟、定型。设立自由贸易试验区是新时代中国深化经济体制改革的重要举措，在自由贸易试验区探索市场配置资源的新机制，促进国际国内要素有序自由流动、资源全球高效配置、国内国际市场深度融合，建立起公平开放、竞争有序的现代市场体系。在自由贸易试验区探索经济运行管理的新模式，按照国际化、法治化的要求，营造良好法治环境，为中国参与国际宏观经济政策协调提供经验，进而推动国家治理体系和治理能力现代化。

第二，探索建立与服务业扩大开放相适应的新体制和新机制。进入 21 世纪，服务全球化成为全球化的主导力量和重要内容，影响广泛深刻，与全球经济发展中的许多重大议题密切相关。根据 WTO 国际贸易统计数据库，2013～2022 年，全球国际服务贸易出口规模由 4.89 万亿美元增至 7.13 万亿美元，十年增长了46%。美国是世界上最大的服务贸易国，服务业占到其 GDP 的 3/4 和就业的4/5，欧盟的服务业也分别占其 GDP 和就业的 3/4。中国服务业发展水平和服务贸易竞争力远远落后于发达国家，2022 年服务业增加值占 GDP 比重为52.8%，仅占 GDP 的一半。根据 OECD 公布的 2022 年服务贸易限制指数（Services Trade Restrictiveness Index），在服务贸易 18 个主要领域中，中国有 11 个领域的得分高于全部样本国家平均值。其中，交通运输、建筑、工程服务的限制相对较少，而在会计、法律、影视音乐、旅游服务、商业、保险等部门还存在较高的贸易壁垒。与发达国家相比，中国服务业结构性失衡明显，有效供给能力欠缺，部分知识密集型服务供给过度依赖进口，服务产业创新能力和核心竞争力不强。因此，必须以深化改革和扩大开放为动力，破解限制服务业高质量发展的深层次体制机制障碍，尝试探索发达国家高端服务业进入国内市场和国内资本产能走向海外的监管模式，为外向型经济的转型升级提供新动力。

第三，跟踪测试与国际贸易新规则相衔接的新体制和新机制。从关税与贸易总协定（GATT）至世界贸易组织（WTO），倡导贸易规则一体化有利于提高效率，提升贸易便利化水平，扩大全球货物贸易量。中国加入世贸组织后，开展了大规模法律法规清理修订工作，中央政府清理法律法规和部门规章超过2 300件，地方政府清理地方性政策法规 19 万多件，设计贸易、投资和知识产权保护等多方面。同时，中国大幅降低进口关税，十年内货物降税承诺均已履行，关税总水平由 2001 年的 15.3% 下降至 2010 年的 9.8%（中华人民共和国国务院新闻办公室，2018）。在双边贸易体制下，中国市场深度开放，经贸规则与国际对接，大大降低了国际贸易成本，获得了对外贸易的快速增长。2008 年国际金融危机爆发后，美欧主导的 TTP、TTIP 和 TISA 等经贸协定成为世界经贸规则重塑的主要方向，这些新规则、新议题对中国加快实施新一轮高水平对外开放提出了挑战。以 WTO 为核心的多边贸易体系突出发达国家与发展中国家区别对待和给予发展中国家优势待遇的原则，但新一代贸易投资规则强调的是公平竞争与权益保护，取消了发展中国家的优惠待遇，要求发展中国家加强市场化改革，在经贸规则和经济运行机制方面与发达国家市场深度接轨，从而换取市场的对等开放。2013 年设立中国自由贸易试验区，作为参与全球投资贸易规则重构的试验平台，就是要跟踪测试与国际贸易新规则相衔接的新体制和新机制，以应对当前全球区域经济合作中正在酝酿的国际新规则，从而在参与全球投资贸易规则重构中提出中国方案。

第四，创新探索促进新动能新业态新模式发展的集成性制度。改革开放后，中国设立保税区、经济技术开发区、高新技术产业区、国家新区等功能平台，在各类功能平台率先实施改革开放政策，吸引外商投资，集聚国内生产要素，加快工业经济发展。加上各省市区设立的地方产业园区，构建了中国推动工业化和经济现代化的增长高地，成为重要的产业集聚区和“世界工厂”的主体。仅以国家级经济技术开发区为例，商务部发布的2019年国家级经开区综合发展水平考核评价结果显示，219家国家级经开区实现地区生产总值9.5万亿元，占国内生产总值的比重为11%；实现出口总额3.3万亿元，占同期全国出口总额的比重为20.4%；实际使用外资（含外商投资企业再投资）504亿美元，占所在地级市比重为29.6%。① 2008年全球金融危机爆发后，发达国家重新认识到制造业对支持创新、促进就业的重要作用，纷纷出台一系列的战略和政策，以保持在高科技产业的世界领先地位。如美国提出“再工业化”、德国提出“工业4.0”、日本提出“创新25战略”等。适应全球价值链演化的新趋势，在产业发展基础条件好的特殊功能区、高新技术产业区和特色产业园区等区域设立自由贸易试验区，通过深入推动集成性改革创新，促进各类要素的自由便捷流动，推动新动能新业态新模式发展，形成战略性新兴产业的创新链、产业链深度对接，加快培育一批世界领先的产业集群，为经济高质量发展作出重要贡献。例如，广东自贸试验区深圳前海蛇口片区发展金融、信息服务、科技服务和专业服务，建设中国金融业对外开放试验示范窗口、亚太地区重要的生产性服务业中心。

二、自由贸易试验区制度创新的基本框架

中国自由贸易试验区不是政策“洼地”，没有税收优惠政策。设立十年来，以新发展理念为引领，聚焦投资管理、贸易监管、金融制度、事中事后监管和法治化建设等关键改革领域，形成了一批基础性和核心制度创新，不断探索和实践自由贸易试验区的基本制度框架，率先建立同国际投资和贸易通行规则相衔接的制度体系，成为新时代改革开放的新高地。

第一，确立了负面清单管理为核心的投资管理制度。本着尊重市场精神，体现政府和市场关系行为的基本原则，让市场“法无禁止即可为”，让政府“法无授权不可为”。自由贸易试验区率先制定和实施外商投资负面清单，形成与国际通行规则一致的市场准入方式，中国投资管理体制实现历史性变革。在试点基础上，将外商投资准入前国民待遇加负面清单管理制度纳入中国外商投资法，市场开放度和投资便利度大幅提升。

第二，确立了符合高标准贸易便利化规则的贸易监管制度。对标贸易便利化的国际最佳实践案例和通行规则，自由贸易试验区率先探索和建立国际贸易“单一窗口”，形成了具有国际竞争力的口岸监管服务模式。除此之外，

① 商务部召开2019年国家级经开区综合发展水平考核评价结果专题新闻发布会，http://www.mofcom.gov.cn/aarticle/ae/ah/diaocg/202001/20200102931234.html。

自由贸易试验区通过实施试点货物状态分类监管、取消办理对外贸易经营者备案登记等多项举措，致力于提升贸易监管效能和服务水平。

第三，探索了适应更开放环境和有效防范风险的金融创新制度。上海自由贸易试验区率先创设自由贸易账户，促进跨境资金流动自由便利，同时又确保了自由贸易试验区金融创新的安全底线。各自由贸易试验区积极开展外资企业外汇资本金意愿结汇、跨境双向人民币资金池业务等金融服务创新，不断降低企业融资成本，增强金融服务实体经济的质效。

第四，确立了以规范市场主体行为为重点的“事中事后”监管制度。自由贸易试验区积极探索构建优质高效便捷的行政管理体系，推进“简政放权、放管结合、优化服务”的系统改革，全面提升了开放环境下的政府治理能力。特别是从“放管服”出发，以简政放权为重点健全行政管理体制，以事中事后监管为核心深化体制机制创新，以信息互联共享为导向优化政府服务体系，以社会信用信息共享确立事中事后监管的基础性制度，形成了透明高效的准入后全过程监管机制，实现了由规范市场主体资格向规范市场主体行为转变。

第五，加强法治化建设为自由贸易试验区经济建设提供了法治保障。在有条件的自由贸易试验区设立了自贸区法院、自贸区检察院、知识产权法院、金融法院、自贸区海事法庭等，为自由贸易试验区建设提供法治保障。加强建设自由贸易试验区制度性与程序性的法规规章，进一步完善公众参与机制。境外法律查明机构的设立也为自由贸易试验区涉外经贸合作建立法治化基础，形成了“一带一路”建设与自由贸易试验区战略的联动效应。

三、自由贸易试验区制度创新的主要成效

自贸试验区是制度创新高地，不能像传统的开发区那样，单纯以招商引资的数量衡量制度创新的成效。但十年来中国自贸试验区各片区在要素集聚方面的巨大成绩无疑部分体现了投资者对自贸试验区制度创新的巨大信心，以及自贸试验区各项制度创新改善营商环境的巨大成效。具体来看，从中国自贸试验区的区域布局、制度创新引领营商环境改善、制度创新可复制推广情况、对接和服务重大区域战略、成为区域经济发展的“增长极”等五个方面，大致可以直观评估自贸试验区设立十年来开展创新试验的成效。

第一，自由贸易试验区布局不断完善。2013 年 9 月设立上海自贸试验区以来，中国政府分 6 批次设立了上海、广东、辽宁、海南、山东、北京等 22 个自由贸易试验区，共计 67 个片区涉及 51 个城市以及海南全岛，总面积 3.8 万平方公里左右，基本形成了覆盖中国东西南北中、统筹沿海内陆沿边的改

革开放创新发展格局。具体地，2013 年设立上海自贸试验区，第二批广东、天津、福建等 3 个自贸试验区于 2015 年设立，2017 年设立第三批包括辽宁、浙江、河南、湖北、重庆、四川、陕西等 7 个自贸试验区，2018 年海南全岛启动自贸试验区建设，2019 年设立上海自贸试验区临港新片区，并新增山东、江苏、广西、河北、云南、黑龙江等 6 个自贸试验区，2020 年再新增北京、湖南、安徽 3 个自贸试验区。现已形成“1 +3 +7 +1 +6 +3”覆盖东西南北中的自贸试验区创新发展格局。完善自由贸易试验区布局，目的是要通过在更大范围、更广领域、更多层次差别化探索，塑造高质量发展的内生动力，从而更好地服务对外开放总体战略布局。

第二，系统推进制度创新取得重要进展。自贸试验区建设以来，始终坚持以制度创新为核心，不断开展深化改革开放的政策试验，聚焦投资管理、贸易监管、金融制度、事中事后监管和法治化建设等关键改革领域，涌现出一大批基础性制度创新成果，在投资自由化便利化、贸易便利化、金融开放创新、营商环境优化等诸多方面取得了显著成效，为推动中国经济高质量发展作出了重大贡献。一是优化外商投资准入负面清单管理制度，提高了市场透明度和可预期性，大大降低了企业开办成本。经过 7 次修订，制造业条目清零，服务业准入大幅放宽。除此之外，海南自贸港还发布了跨境服务贸易负面清单，探索服务业综合开放的管理新模式。二是深化贸易便利化改革，大幅提高了自贸试验区贸易便利化水平。构建以国际贸易“单一窗口”为核心的贸易便利化模式，实施“一线放开，二线管住”的海关监管创新模式，不仅提高了通关效率，而且促进了跨境电商、保税维修等新兴业态发展，相关企业普遍具有较强的“获得感”。三是加快金融开放创新，促进金融业集聚发展，企业融资更加便利、渠道更宽、成本更低。围绕有效服务实体经济发展的出发点，相关部门持续出台支持政策推动自贸试验区金融开放创新。四是深化商事制度改革，营造了更为公平竞争的市场环境。以大幅简化审批程序，改善投资环境，探索建立多元化商事纠纷解决机制，推进投资治理规范化等措施减少政府行政干预。其内容覆盖市场主体自设立登记到注销退出的全生命周期链条，不断提升政府服务质量。五是健全事中事后监管制度。事中事后监管体制建设体现在创新监管服务模式和完善协同管理机制体现两方面（桑百川、王殿杰，2023）。随着政府管理模式从审批制向备案制的转变，政府职能也由审批型向监管服务型转型，由防控风险、控制市场的事前审批转变为以信用监管为核心的事中事后监管，消除前置审批对市场活力的抑制，体现了以鼓励市场创新、监测和防范企业失当为主要目标的监管方式变革。通过持续的制度创新，自由贸易试验区成为引领中国营商环境建设的标杆。2019 年 10 月 24 日，世界银行公布的《2020 营商环境报告》显示，中国的营商环境排名已上升到第 31 位。

第三，总结可复制可推广典型经验。自由贸易试验区设立以来，不同片区积极探索创新试点经验，无论是国家层面，还是地方层面，已总结提炼出多批次的先进做法与最佳案例，累计向全国复制推广超过 300 项制度创新成果，各自贸试验区自主形成推广超过 2 800 项典型经验，形成了自贸创新成果共享、自贸开放红利共用的现实局面。基于各个自贸试验区的改革试点经验，商务部发布的制度创新成果显示，国家层面复制推广的 302 项自贸试验区改革试点经验中，源自上海自贸试验区首创或同步先行先试的事项有 145 项，占比接近一半，显示了上海自贸试验区充分发挥了引领全国自贸试验区发展的“头雁”效应。广东自贸试验区成立 8 年多来，累计形成 696 项制度创新成果，在全国复制推广 43 项改革创新经验，获评 7 项全国最佳实践案例，也充分体现出广东毗邻港澳和改革开放先行一步的优势。四川自贸试验区大胆探索形成 800 余项制度创新成果，在近 4 批国务院复制推广的改革试点成果中贡献 12 项。包括在全国首推生产型出口企业出口退税服务前置，退税时间缩短到 3 个工作日；在全国首创“企业套餐式注销服务模式”“增值税小规模纳税人智能辅助申报服务”等。作为第六批设立的自贸试验区，安徽合肥片区积极先行先试，全国首创 12 项制度成果，3 项经国务院及相关部委批准在全国复制推广。可以说，围绕新时代改革开放的新高地这一基本定位，各批次设立的自贸试验区都做到集思广益，迸发出制度创新活力。

第四，对接和服务国家重大发展战略。一方面，联动共同融入区域重大战略。如京津冀联席会议制度在北京、天津与河北三省市的自由贸易试验区广泛应用，提升跨区域通办效率，超过 150 项政务服务实现“同事同标”，强化京津冀协同发展水平。再者，长三角自由贸易试验区联盟由上海、江苏、浙江与安徽自由贸易试验区联合成立，打造共谋发展、共促创新、共享成果机制，在国际贸易“单一窗口”、一体化油气市场交易机制等方面实现新的突破。由山东自由贸易试验区牵头成立的黄河流域自由贸易试验区联盟，初步在社会信用、行政审批、知识产权与物流运输等四大方面形成“合力”，共同推动自由贸易试验区发展。另一方面，联动服务国家区域协调发展战略。广西自由贸易试验区以打造西部便捷出海口为着力点，进一步加强与西南、西北等区域的衔接机制，为西部大开发贡献“广西方案”。东北地区自由贸易试验区积极推动国资国企改革、产业管理模式创新，加强与其他地区产业合作，为东北全面振兴创造了新动能。云南、广西、黑龙江等沿边自由贸易试验区谋划协同推进沿边开发开放。相关自由贸易试验区之间也推进对口合作，例如，哈尔滨与深圳合作，设立深哈产业园，为优势互补、企业对接创造条件。

第五，成为区域经济发展的“增长极”。更优的营商环境推动了自贸试验区的生产力发展。十年来，自贸试验区的开放创新及改革举措，进一步激发了市场创新活力和经济发展动力，自贸试验区成为区域经济发展最重要的增长极。海关统计数据显示，2022 年中国自由贸易试验区进出口 7.5 万亿元，增长 14.5%。在 2022 年，全国自由贸易试验区以有限的国土面积（不到 4‰），在外商投资与进出口贸易等方面的额度约占全国的 20%，2023 年上半年所占比例亦实现稳步提升。在广东自贸试验区三大片区之一的深圳前海蛇口自贸片区，其逐渐成长为全国开放水平最高的自贸试验区之一。根据深圳海关的统计数据，自前海蛇口自贸片区成立以来，在 28.2 平方公里的面积中已有累计超过 1 万家海关备案企业，外贸进出口总额由 2015 年的 712 亿元跃升至 2022 年的 3 046 亿元，年均增长率超过 23%。在实际使用外资方面，2022 年片区使用额为 55.8 亿美元，增长 3.3%，占深圳市的 50% 以上。① 从自贸试验区的地域分布特征看，10 个沿海自贸试验区进一步激发了沿海地区的改革开放潜力与活力，在京津冀协同发展、粤港澳大湾区建设、长三角一体化发展等战略部署指引下带动区域板块融合发展；8 个内陆自贸试验区启动了中部腹地的改革开放，在发挥区域增长极作用的同时，成为沿海地区参与西部大开发的连接纽带，大幅缩小东西部经济发展差距；3 个沿边自贸试验区充分结合自身地理区位、自然与社会经济条件等因素，与周边国家经济发展的合作协调作为建设重点，积极对接“一带一路”建设、东北亚区域开放合作等战略，深化与周边国家和地区经贸合作，辐射带动沿边地区的经济发展（桑百川、王殿杰，2023）。

四、自由贸易试验区深化制度创新的方向

党的二十大报告提出“推进高水平对外开放”，强调“稳步扩大规则、规制、管理、标准等制度型开放”“加快建设海南自由贸易港，实施自由贸易试验区提升战略，扩大面向全球的高标准自由贸易区网络”。制度创新是中国自由贸易试验区的核心任务。在当前国内外经济贸易形势出现重大变化的大背景下，中国自由贸易试验区应继续发挥制度创新的优势，探索更高水平的对外开放和更深层次的改革创新。

第一，以对接国际高标准经贸规则为引领，实现各自由贸易试验区制度型开放。在上海、广东、天津、福建与海南等自由贸易试验区（港）率先试点，主动对接货物与服务贸易、跨境人员临时入境、数字经济、营商环境、风险防控等领域的相关国际高标准经贸规则，进一步推动规则、规制、管理、标准等制度型开放。

① 吴徐美，胡清文．前海：打造新时代改革开放新高地［J］．深圳特区报，2023-04-27.

各自贸试验区在明确对接国家发展战略主要任务的基础上，订立目标，制定实施方案，主动融入区域开放开发，以制度型开放引领区域开放前进方向。首先，要加快推进标准开放进程，推进标准制度型开放、增强中国在国际标准制定中的话语权、维护多边主义的经贸规则体系。一是提高国际标准的采标率。自贸试验区应高度重视国际先进标准，并将其转化为本国产品和服务质量标准，大幅提升中国产业发展水平；二是发挥平台优势支持技术先导企业参与国际标准制定。积极支持先进企业、行业协会参与国家标准制定。其次，要对接国际通行创新规则，推动科研与技术服务开放，开展国际协同创新，提升市场主体的创新发展能力。一是不断探索创新产学研协作模式，推动关键核心技术的联合攻关；二是吸引跨国公司在自贸试验区设立研发设计机构；三是加强知识产权保护。最后，要深入对接国际要素市场，搭建集聚海内外人才协同创新平台。一是探索建立与国际接轨的科研管理与运行机制；二是建立健全公开公正的科技成果与人才评价机制及资质认可；三是持续推动国际人才资质互认有序放宽，探索与国际人才评价标准对接；四是探索外籍人才引进和使用的技术移民制度，降低“绿卡”申请门槛，建立并完善外籍高端人才“一卡通”制度等（全毅、王春丽，2023）。

第二，引领高水平市场开放。中国自贸试验区要积极把握国际先进经贸规则的重构趋势，立足于市场化、法治化、国际化和便利化推进制度创新，强化生产要素集聚和市场配置能力，将营商环境建设从基本的政府职能转变调整至更高层次的公平竞争市场环境层面，努力营造一流市场化、法治化、国际化的营商环境。

首先，要实施货物贸易便利化改革。一是拓展“单一窗口”功能，并提高通关效率。二是探索企业自主申明原产地规则。三是构建“一线放开”与“二线管住”的贸易监管制度。要对保税区和保税港区围栏以内实现“一线”真正放开，关检退居“二线”。四是消除关税壁垒，最大限度实施零关税。其次，要推进投资规则改革。一是完善投资领域负面清单管理，缩减负面清单开放市场准入。二是要实质性减少许可事项。在转变政府行为方式与管理理念方面，探索减少行政审批事项的改革实施方案；三是强化透明度原则和事中事后监管制度。建立与外商投资自由化便利化相适应的法律保障和行政执法体系，提高法律执行力和执法透明度。四是推进争端解决机制与先进规则衔接，建立完备的外商投资投诉工作机制。最后，要推动出台跨境服务贸易负面清单，推进跨境服务贸易和投资高水平开放。在全面评估海南实施跨境服务贸易负面清单绩效基础上，尽快出台自贸试验区版的跨境服务贸易负面清单（李猛、翟莹，2023）。与海南自由贸易港版本不同，自贸试验区要以生产性服务业跨境开放为重点，在跨境研发设计、信息技术服务、金融融资服务、跨境物流运输服务等方面开展创新探索，提升区域贸易便利化水平。

第三，加强改革整体谋划和系统集成。中国自贸试验区应回归到改革的初心，发挥改革开放相互促进的优势，聚集全面深化改革的关键领域和核心环节，力争在贸易投资、数据流动与金融创新等重要产业实施系列先进性、典型性的改革举措，支持自由贸易试验区在更广领域、更深层次开展改革探索，建设更高水平自由贸易试验区。

在贸易投资领域，支持自贸试验区扩大贸易服务开放创新，在服务业职业资格、服务标准、认证认可、检验检测、行业管理等重点环节深化与国际规则对接；在金融服务领域，基于跨境金融服务对实体经济的重要性，要认真做好基于自由贸易账户的跨境金融服务开放的制度设计，持续完善本外币一体化自由贸易账户制度，鼓励海外银行金融机构积极参与。自贸试验区建设十年来，本外币一体化自由贸易账户制度已经基本确立，为进一步稳固自由贸易账户基本制度，鼓励企业开设并使用账户开展各项业务，要尽快研究落实自由贸易账户的税收优惠政策并落地（彭磊，2023）。进一步完善自贸试验区离岸债券发行机制和管理制度，完善各类大宗商品金融交易平台交易制度，并稳妥推进境外合格投资者参与交易。

第四，深入开展差别化探索。根据功能定位、资源禀赋和区位特点等差异性，对各自由贸易试验区提出差异化探索的要求，在生物医药、海洋经济与大宗商品贸易等领域实现新突破，进而推动全产业链转型升级，更好地服务构建新发展格局。

首先，东部自贸试验区加速集聚优质要素资源，带动新产业、新模式发展，为构建新发展格局提供重要支撑。山东自由贸易试验区正以海洋经济为新引擎，强化海洋科技创新力度，打造东北亚水产品交易中心，组建国家海洋药物工程技术研究中心，全面提高国际海洋合作能力。江苏自由贸易试验区聚焦科技与产业“双轮驱动”效应，在集成电路、人工智能、生物医药与纳米技术等高端创新行业实现融合发展。浙江自贸试验区着力打造油气产业发展高地，自贸试验区不断聚集新兴业态，成为高端产业聚集地。其次，中西部自由贸易试验区应加强承接产业转移和引领区域经济发展，着力打造内陆对外开放门户，充分发挥内陆资源优势，形成对外开放新通道，为“一带一路”建设贡献“自贸力量”。四川自由贸易试验区充分发挥“三临”（临空、临铁与临江）独特优势，不断深化对外通道建设，初步形成新型物流服务网络，强化与沿海港口的战略合作关系，建设海运集装箱归箱点；并依托内陆铁路交通优势，将场站资源、铁路资源、汽运资源与水源资源整合统一，由此建构方便多样的内陆港多式联运服务平台，逐步形成“贯通南北、连接东西、通江达海、覆盖全球”的多式联运网络。最后，沿边地区的自贸试验区应找准与周边国家和地区的互补优势，探索跨境贸易、跨境物流、双向投资，服务“一带一路”倡议（彭磊，2023）。例如，云南、广西自贸试验区创新服务沿边经济社会发展新模式；辽宁自贸试验区在国有企业、数字经济、知识产权等领域探索改革服务东北振兴；黑龙江自贸试验区进一步扩大对俄罗斯合作等。

第五，提升自由贸易试验区联动发展水平。服务构建新发展格局，自贸试验区新一轮制度探索要注重“创新集成＋改革协同”，应基于重点领域开展全产业链系统性制度创新，并不断完善配套政策，确保各项制度改革相互配合、相互支持，通过措施协调形成改革的合力，努力推动各区域、各领域联动发展水平。

一是在制度创新上加强联动，强化创新的整体性、关联性和协同性。加强自贸试验区与其他开放载体在产业联动、政策协同、平台互动等方面的集成创新，助力自贸试验区更好地发挥“极化—扩散”效应。二是要加大服务国家战略的联动力度，在信息沟通、资源共享与要素流动等方面实现互联互通，强化部门协同联动。应努力破除部门间的信息壁垒，推进国家部委、地方政府与自贸试验区之间沟通协调机制的建立。三是以产业发展联动为出发点，各自贸试验区要结合区域资源禀赋等特点，重点推动特色产业与优势产业开放协同发展，全方面、多层次地提高资源配置效率。四是拓宽创新成果复制推广的联动范围，在各自由贸易试验区之间、自由贸易试验区与联动创新区之间等层面扎实推进，提高先进做法与典型案例的报道率与影响力，全面推动区域经济发展。五是完善自贸试验区建设考核评价体系。应建立健全自贸试验区考核评估长效机制，综合评估其在制度创新数量、经济增长情况、法治环境建设、高水平开放体系建设等多个方面改革的进展和成效，持续激发地方政府开展系统性深层次改革的积极性。

参考文献

1. 李猛，翟莹．海南自由贸易港在中国式现代化建设中的实践探索［J］．南海学刊，2023（9）：4.

2. 毛艳华．自贸试验区是新一轮改革开放的试验田［J］．经济学家，2018（12）.

3. 彭磊．我国自贸试验区建设成就、经验与提升战略［J］．国际贸易，2023（9）.

4. 全毅，王春丽．以制度型开放推进实施自贸试验区提升战略［J］．开放导报，2023（4）.

5. 桑百川，王殿杰．自贸试验区制度创新：成效、路径与发展思路［J］．国际贸易，2023（9）.

6. 中华人民共和国国务院新闻办公室．白皮书：中国与世界贸易组织［R］. 2018－06－28.

Progress and Development Direction of Institutional Innovation in China's Pilot Free Trade Zones

Mao Yanhua

[**Abstract**] Since the 18th National Congress of the Communist Party of China, China's opening up and deepening reform have formed a whole set of new ideas, among which the construction of free trade pilot zones is a strategic initiative to promote reform and opening up in the new era. In setting up pilot free trade zones, China aims to give full play to their role as "test fields" for institutional innovation, and explore new systems and mechanisms in such areas as building government-market relations, opening up the service sector wider, matching new rules for international trade, and promoting the development of new drivers and new forms and models of business. Ten years after its establishment, centering on institutional innovation, the pilot free trade zones has established the basic institutional framework in key reform areas such as investment management, trade supervision, financial system, in-process and post-operation supervision, and rule of law construction, and has become a new highland of reform and opening up in the new era. At the same time, the pilot free trade zone has achieved remarkable results in five aspects: optimizing the regional layout, leading the improvement of the business environment, promoting the achievements of institutional innovation, connecting with important national development strategies, and creating a "growth pole" of the regional economy. The report of the 20th National Congress of the Communist Party of China proposed to "promote high-level opening-up to the outside world". China's pilot free trade zones should continue to give full play to the advantages of institutional innovation, explore a higher level of opening-up and deeper reform and innovation, and make greater progress in shaping an international, convenient and law-based business environment, providing new impetus for China to implement a high-level opening up.

[**Key Words**] pilot free trade zone　institutional innovation　reform and opening up　development direction

JEL Classifications: F18

中国自贸试验区联动创新区建设：内涵、问题与对策

孔庆峰　刘恒言*

【摘　要】2015年上海率先按下“快速键”实施上海自贸区与上海自创区联动发展战略，随后，浙江、天津、安徽以及山东等10个省份依托各自贸片区优势结合腹地产业发展情况也着力于联动创新区建设。联动创新区的核心任务是以自贸区为引领，实现“自贸区+经济功能区”多维度联动，发挥政策叠加优势促进各类开放平台整合提升、打造更高能级“双循环”战略支点，以点带面，辐射整个经济社会面。截至2023年，联动创新区建设成果颇丰，但作为新生事物，其建设过程仍面临诸多问题，仍然需要适时总结。本文从联动创新区建设的内涵出发，系统分析建设过程中所存在问题，同时响应党的二十大所提出的自贸区提升战略，为联动创新区向纵深跃进提出深层次建议。

【关键词】**联动创新　联动内涵　问题及建议**

一、引　言

自2015年上海首次提出自贸试验区联动创新区构想以来，全国范围内已有10个设立自贸试验区的省份出台了自贸试验区与本地区其他经济平台建立联动发展的文件。虽然对于联动创新区的名称和叫法存在差异，例如，上海称为联动创新示范区、山东称为自贸区联动创新区等，但其本质及核心内涵均相一致。龙云安等（2019）认为，自贸试验区联动创新区是以区域为载体，

* 孔庆峰，山东大学经济学院教授、博士生导师，山东大学自贸区研究院首席专家，通信地址：山东省济南市历城区山大南路27号山东大学中心校区，邮政编码：250100，电子信箱：kong@sdu.edu.cn。刘恒言，山东大学经济学院硕士研究生，通信地址：山东省济南市历城区山大南路27号山东大学中心校区，邮政编码：250100，电子信箱：212463497@qq.com

通过联动机制、借助创新的方法将自贸试验区与联动创新区联通成为层次更高、格局更大、范围更广、活力更强的“试验田”，是旨在放大自贸试验区溢出效应的承接区，其仍然坚持全面深化制度创新的核心要义以及可复制推广的基本要求，助推各类特殊经济功能区优势更深度叠加，功能更有机融合，成果更有效转化，进一步强化放大自贸试验区的示范引领作用，加快自贸试验区高质量建设。

各省份的联动创新区自建设以来，在许多重点领域已经取得了不小的成就。例如，科技创新方面，上海自贸试验区和张江国家自主创新示范区联动发展，现已成为国际领先的科技城，2019 年底成立上海科创中心海关，整体通关时间从原先的 2 ~3 个工作日缩短为 6 ~10 小时。环境保护方面，烟台市人民政府统计数据显示山东自贸试验区烟台片区通过“政企社科”四方联动有效推动重点区域生物多样性修复增加 15. 0% 以上。外资外贸方面，中国（浙江）自由贸易试验区建设新闻发布会上汇报数据表明，2021 年 1 ~5 月，浙江联动创新区实现进出口总额 4 274. 8 亿元，增长 41. 7%；实际使用外资 23. 7 亿美元，增长 57. 5%。

虽然我国自贸试验区联动创新区建设工作现已在超过全国 1/3 的省份有序进行，但当今宏观经济形势复杂多变，疫情给经济造成全方位重创的巨大阴霾还没有完全退却，加之美国“脱钩断链”、俄乌冲突等严峻的外部冲击，自贸试验区联动创新区如何在困难交织的大形势下突出重围，主动承接起增效扩区的重要战略任务，现已成为新时代实施自贸试验区提升战略的重要议题。

本文深入分析自贸试验区联动创新区的内涵，科学研判总结各自贸试验区联动创新区建设过程中存在的制约因素及暴露出的问题，同时针对堵点难题提出相应的建议对策。

二、中国自贸试验区联动创新区建设的内涵

自贸试验区建设是党中央新时代助推改革开放的重大战略举措，现已取得巨大成就。把自贸试验区内已经成熟的经验复制推广到联动创新区，减少了功能区试错的成本，提高了效率。而深入贯彻“十四五”规划纲要，更好发挥自贸试验区的示范引领以及辐射带动作用，区域联动改革创新是一大要务，而首先要做的就是多维度多角度了解其内涵，综合来看，其具有制度联动、产业联动、平台共享三个维度的内涵。

在制度联动维度上，“自贸区 + 功能区”联动的核心内涵就是制度联动，自贸试验区整个建设过程始终以制度创新为核心，而联动创新区建设过程也不例外（崔卫杰，2023）。制度性成果方面，以自贸试验区为依托，以功能

区为战略支点，自贸试验区孕育的众多制度创新成果对围绕其开展工作具有自身鲜明特色的功能区一脉相承，而功能区对自贸试验区改革创新成果的复制推广为主要任务，重点考虑政府职能转变、投资管理、贸易便利化、金融创新与开放、综合监管等方面的选择性、针对性地将制度创新成果复制推广。针对制度性障碍，联动创新区与自贸试验区同步开展相关探索，着力破除在改革发展中遇到的政策和制度障碍。联动创新区建设过程存在制度壁垒，自贸试验区通过压力测试凭借"先行先试"的优势主动打起疏通联动创新区制度阻碍的大旗，这也倒逼自贸试验区更加着力于制度创新建设，双区协同探索制度创新机制。政策互惠方面，联动双方根据自身的实际需要共同争取省级及以上权限的下放，将政策争取到所属市级层面或争取自贸试验区与联动创新区享有共同利好政策，实现双区政策互惠，扩大互惠面。

在产业联动维度上，王旭阳等（2020）认为，自贸试验区是改革创新的试验田，更多的是在产业联动中担任先行先试的角色，产业最初定位和产业关联程度是做好联动创新的基石。自贸试验区在考虑功能区现有支柱产业的基础上，凭借自身差异化特点选择能够联动适配的功能区，这决定了两区产业发展所面临条件的相似性和产业的同一性。双区同类产业协同布局和协调发展，以要素培育引进、功能载体赋能为渠道打造协同机制。再者，在功能关联度高的基础上，双方能自发共同瞄准协同发展的产业链关键及核心环节，充分释放潜力和动能，有效衔接起内部价值链，产业联动协同发展得以实现。

在平台共享维度上，上海自贸试验区首创国际贸易"单一窗口"平台，随后浙江自贸试验区对其优化，拓展至服务贸易领域，通过信息化作业和物联网运用，全方位实现了贸易数据协同化、简化和标准化。除此之外，自贸试验区跨境电商、人才、产业各方面平台建设均取得重要成效。与联动功能区共享"单一窗口"平台，拓展服务贸易；与联动功能区共享"跨境电商"平台，拓宽跨境电商进出口分拨基地范围；与联动功能区共享人才交流平台，便捷人才要素流动；与联动功能区共享产业平台，优化资源配置。自贸试验区与功能区平台大多采用"一核多基地"模式，这能实现各类功能平台的信息流通和资源共享，实现通过双区平台渠道释放信息的同频共振。

三、中国自贸试验区联动创新区建设过程存在的问题

（一）体制机制尚不完善，双区有效沟通不足

从整个自贸试验区联动创新区建设过程来看，我国政府"自上而下"的

授权管理体制与自贸试验区“自下而上”推动改革的方式不太匹配。自贸试验区相关战略政策的管理框架为最高管理层通过环环相扣的中间管理层对地方进行全方位管理，本质为“自上而下”的垂直管理模式，而地方层面的深化改革举措必须“自下而上”突破顶层设计，大多数地方相关部门束手束脚不能按自身想法大胆试验，因为动作稍大就必须经过上级有关部门层层审批授权才得以开展落实，这会比较大地影响改革创新的效率。

联动创新区与自贸片区之间的关系从认识到现实尚未清晰。本质上，二者在产业链中的位置决定了双方的上下游关系，需要凭借相关共同专业领域的垂直分工机制进行协作，而不是上级与下级、管理方与被管理方、要求与被要求的关系。一旦关系厘错，经济功能区就可能只是听候发落等待自贸片区安排工作而不是积极参与，二者也难以形成有效交流，未能实现各事项的连贯对接，哪怕是同一任务，双方的具体进展也不能互相熟知。此外，应该由专门的负责小组或办公室负责联动创新工作的整体向前推进，其在联动区建设过程中发挥纽带作用，但是实际情况却是负责推动联动创新区发展工作的领导机构在各市（区）级尚未完全建立，各板块职能部门同联动创新区协调对接不畅，联动区与片区间缺少交流与合作。

（二）功能区自身特色与联动领域匹配度低，差异化发展有待加强

功能区既未能根据自身重点发展产业来决定是否承接联动工作，也未能充分考虑自身特色以及承接能力决定是否承接，这会造成双区联动领域匹配度低、功能区盲目联动的问题。经济功能区往往倾向于承接复杂和较为重大的联动任务和联动领域，其一未充分考虑片区实际情况，其二也未充分考虑自身实际情况形成联动，例如经济技术开发区在与自贸片区联动中可能存在盲目承接跨境电商综合平台的任务，导致平台建设难以取得实质性成果。不同自贸片区和相对应的经济功能区大都在固定模式的基础上联动，碎片化发展相似的产业，未能挖掘自身特色领域，将一盘棋都下在了同一位置，这难免会造成同质化竞争严重、发展特色不够鲜明等问题。再者，经济功能区也往往倾向于承接新兴领域的任务，一股脑倾其所有参与其中，可能一开始较顺利，一旦战线过长就难以正常运行，最终半途而废，造成多方面资源的浪费。

各功能区未能结合自身实际情况进行差异化发展，这也导致了整个联动创新区创新成果单一和碎片化。虽然整个过程下来所形成的创新成果产出数量不少，但创新成果质量仍亟待提高。在创新质量上，只是对片区已有创新成果的简单复制优化，难以实现真正的突破创新；在创新层面上，囿于盲目

联动，具有全国、全省领先性的创新较少，缺乏代表性；在创新领域上，基本集中于各板块发展成熟的产业领域，缺少对服务贸易、数字贸易等亟须加紧探索的前沿领域创新；在创新系统性上，单个创新成果难以实现部门突破，单一部门开展的碎片化创新较多，多部门开展的集成式创新较少，集成创新匮乏。

（三）联动层次低、碎片化严重，难以串联域内产业创新集群一体化发展

当前联动创新区的主要工作是承接自贸片区相关工作，涵盖试点经验复制推广、自主开拓创新等，因此也暴露出功能区被片区牵着鼻子走、自身没有创新想法等问题。

联动部门方面，市场主体经营管理信息，散布于金融、海关、市场监督管理局等监管部门中（姜启军、韦有周，2023），而各个监管部门也存在“碎片化”分工、“分离式”审批程序，缺乏对企业生命全周期的信息共享，对企业的监管无法形成畅通链条同时还存在不少“灰色地带”。

联动层次方面，在补全补强产业链，优化产业集群布局，激发创新集群发展活力等方面工作推进较慢，联动层次相对较低。

联动创新区数量及类型方面，承接任务的功能区数量以及类型均较多，涵盖范围较广，但是能起到实质作用的少之又少，同时，各联动创新区面临不同程度的政策趋同、同质化竞争严重、发展特色不够鲜明等问题。

试点经验复制推广方面，缺乏从整个产业链入手围绕产业薄弱环节发挥强链、补链、固链的重要功效来驱动产业优化及产业集聚，反倒是全盘都抓，碎片化问题严重。

自主开拓创新方面，功能区的经济实力及综合发展水平相较自贸片区都存在不小差距，自主创新工作开展起来并不顺利，同时，复制联动机制使某一区域能够直接使用另一区域的先进经验，极大节约从政策制定到实施过程中的时间成本，这促使功能区形成了对片区成果照搬照抄的思维定式，突破式创新难以实现。

（四）功能区联动工作疲软，容错激励机制尚未完善

我国自贸试验区体系现行的管理模式为垂直管理模式，虽然相关功能区作为自贸片区任务的主要承接者，但是在整个市级层面并没有专门的组织机构来负责对应工作而是将该工作与其他工作“两手抓”，基层人员面临任务更加繁重复杂，又没有相关激励措施，对于联动创新工作敷衍了事甚至是撒

手不管。繁杂任务分配在各层级部门缓慢推进，干部和相关专业人员共同完成某项制度创新成果，并没有结合取得成果的实际意义及贡献程度对过程参与人员给予褒奖，难以形成正向反馈，相关人员的积极性难以提升，制度创新的质量和效率也就不会提高。容错机制方面，由于功能区开展相关工作时间不久，缺乏总体经验，在初始启动和尝试阶段出现低级错误在所难免，而现行自贸试验区体系下并无针对自贸试验区联动创新区的容错机制，这会导致功能区在执行任务时束手束脚，难以解除改革创新主体后顾之忧，试验者不能做到“大胆试、大胆闯、自主改”，自贸试验区高质量改革创新难以深入推进。

四、中国自贸试验区联动区建设建议对策

（一）不断完善联动创新区建设体制机制，加强两区沟通交流

自贸试验区核心区与联动区二者相辅相成，一方面要做强自贸试验区核心区，精准服务国家发展战略并对接本省发展定位；另一方面要做大联动创新区，以拓宽核心区创新空间。而更重要的是两区之间应加强沟通交流，及时疏通联动过程中的堵点和体制机制障碍，推动自贸建设向纵深发展。

具体来说，联动创新区管理机制方面，应杜绝“无头管理”的情况出现，眼光不能仅仅局限于双区行政关系的问题上，仅在宏观层面简单成立片区自贸专班远远不够，而应精准聚焦联动问题，成立专门专业的联动创新区工作小组或工作办公室，狠抓关键项目及相关工作的落实，定期了解片区以及联动区当下工作所面临的堵点难题以及实际诉求，发挥起关键“中间人”的作用，以便加强自贸片区同联动区的联系，促进板块间合作交流。联动创新区利益联结机制方面，充分考虑核心区及功能区的总体利益，自贸片区与功能区二者是相辅相成的关系，区内区外明确分工合作，各司其职，实现优势互补，构建互惠互利的区域价值链，让自贸区域外的产业成为自贸试验区产业的重要支撑，进一步推动跨区域创新合作。在联动创新区沟通机制方面，自贸核心区与联动区交流不畅的重要原因在于缺乏共同交流的平台，因此难以形成信息共享，所以需要定期与不定期举办各种类型的线下沟通交流活动，为二者交流提供契机，以提升联动双方交流沟通的积极性，使沟通交流更加常态化。

（二）以自身特色为基点，差异化精准匹配双方联动领域

经济功能区在承担任务和选择产业协同发展的时候，要从自身出发考

虑两个要素，一是自身特色，二是承接能力，二者缺一不可。首先，功能区自身特色和支柱产业一定要与核心区需要协同承接的产业一致，加强同类产业协同布局和协调发展，形成要素培育引进、功能载体打造协同机制（张鑫、杨兰品，2020）。例如，山东自贸试验区联动创新区在建设过程中济南片区重点围绕医疗康养领域开展工作，与其联动的经济功能区之一是东阿经济开发区，围绕其主导产业进行承接，与济南片区形成有效联动，协同发展，取得诸多成果。其次，充分考虑自身要素禀赋以及对承接过程中可能存在的堵点难题准备预案，仔细斟酌该问题是囿于权限限制或体制机制而形成的顽固问题，还是可以通过某些途径在有限时间内难以解决的问题，做到提前清晰了解，而不是在做了大量准备工作的基础上中途搁置。

总之，联动创新区建设过程中，联动是机制，创新是方法，区域是载体，在充分考虑各联动区域支柱产业及基础设施综合发展情况的基础上，通过充分利用自贸试验区开放平台优势，发挥制度政策“先行先试”、创新经验溢出等综合效应，推进自贸试验区与高质量发展方向同向、开发开放功能相近、产业链条契合度较高、要素集聚程度较深的特定经济功能区域的协同创新发展，避开盲目联动和“自不量力”联动等无效尝试，将自贸试验区与联动创新区联通成为层次更高、格局更大、范围更广、活力更强的“试验田”。通过深入挖掘联动双方在经济、社会等领域的共性，将某一区域的特色政策或者管理模式推广，实现复制共享，同时也能通过厘清联动协同中可能存在的问题和需要调和的矛盾，更高效地提出解决问题的方案。

（三）优化产业协同发展机制，实现产业互通的一体化发展

产业是第一支撑，协同是第一途径，发展是第一要务，这也决定了核心区与经济功能区产业对接合作与协同发展，是联动创新区建设工作的重中之重，对此建议做到以下两点。第一，产业协同发展一定要建立在两区为同类产业的基础上，通过仔细比较“两区”所涵盖产业的发展条件、资源禀赋支撑的可能性边界及自身优势特点，找准同类产业，同时瞄准产业链关键环节、核心环节，强化功能关联，充分释放潜力和动能，实现区内区外价值链的有效衔接。第二，以企业和政府两大端口为主体，形成自贸试验区与经济功能区产业协同发展机制，各地市政府向上争取有利于双方的产业政策，企业主要围绕产业生态链和产业资金流协同互动，通过产业间的交流最终形成成熟稳定，点线面结合的体系化产业链，实现更大范围、更高质量的固链、增链和塑链。

首先，作为服务型政府要强调为市场服务的功能，将权力下放到市场，

以市场调节为主，要加快转变政府职能，注重长远发展，政府建立大数据管理平台，时刻关注自贸试验区和经济功能区政策走向，适应最新发展动态。其次，企业是组成产业的微观主体，产业协同发展与集聚更是离不开企业接手项目的牵拉，优化招商平台建设能够给产业协同发展带来利好，这就要求建立自贸试验区与联动区招商信息共享机制，以便整合各方资源，形成优势互补，实现协同招商，推动更多优质关键项目落地（杨艳，2021）。

（四）采取合理激励容错问责机制，保障联动创新工作有序开展

自贸试验区和经济功能区联动协同发展应秉承凡事有文可循、凡事有人检查和凡事违章必究的原则，建立“三位一体”的激励容错问责机制，保证范畴内各主体的利益都能得到保障。

在激励机制方面，应鼓励各联动创新主体在所属功能区或片区开展创新活动，对已经取得的创新成果进行褒奖而不是既定奖励，同时要注意奖励的惠及面要大，给予创新项目有关部门单位以及项目涉及的负责人及其他做出贡献的人员经济上的奖励，保证劳有所得。

在容错机制方面，通过建立免责容错机制，为片区及经济功能区创新研究人员提供“安全港”，尤其是经济功能区刚开始开展相关工作，很容易束手束脚，可能会未能实现预期目标或者造成一定负面影响和损失，具体应分析出现此种情况的原因同时建立不同情形的免责清单，敦促经济功能区大胆履职开展创新活动。

在问责机制方面，各片区自贸专班和联动领导小组办公室应适时落实各片区和联动区的实施方案，以及承担联动创新区其他重点工作的责任部门工作情况，每年进行评估与考核，按照考核结果进行问责，如有出现考核不达标的情况，应给予相应通报或批评。

参考文献

1. 崔卫杰．实施自贸试验区提升战略的六大任务［J］. 开放导报，2023（4）.

2. 姜启军，韦有周．构建双循环交汇的自贸试验区联动发展的机制及路径［J］. 现代商贸工业，2023（44）.

3. 龙云安，陈卉，赵舒睿．自贸试验区与经济功能区协同发展研究［J］. 区域金融研究，2019（6）.

4. 王旭阳，肖金成，张燕燕．我国自贸试验区发展态势、制约因素与未来展望［J］. 改革，2020（3）.

5. 杨艳. 中国（重庆）首批10个自由贸易试验区 联动创新区建设启动［J］. 重庆与世界，2021（11）.

6. 张鑫，杨兰品. 我国自贸试验区协同发展的成效与重点方向［J］. 经济纵横，2020（4）.

Construction of Linkage Innovation Zone in China's Pilot Free Trade Zone: Connotation, Problems and Countermeasures

Kong Qingfeng　Liu Hengyan

[**Abstract**] In 2015, Shanghai took the lead in pressing the "fast button" to implement the joint development strategy of Shanghai Free Trade Zone and Shanghai Self-created Zone. Subsequently, 10 provinces including Zhejiang, Tianjin, Anhui and Shandong focused on the construction of the joint innovation zone by relying on the advantages of each zone and the development of hinterland industries. The core task of the Innovation Zone is to lead the free trade zone, realize the multi-dimensional linkage of "free trade zone + economic functional zone", give full play to the advantages of policy superposition to promote the integration and upgrading of various open platforms, and build the strategic fulcrum of "double cycle", so as to radiate the whole economic and social aspects from point to point. Up to this year, the construction process of the linkage innovation zone has been 8 years, and it has made many achievements. However, as a new thing, its construction process still faces many challenges, which still needs to be timely summarized. Starting from the connotation of the construction of the linkage innovation zone, this paper systematically analyzes the problems existing in the construction process, and simultaneously responds to the integrated development strategy, and puts forward suggestions for the deep leap forward of the linkage innovation zone.

[**Key Words**] linkage innovation area　linkage connotation　problems and suggestions

JEL Classifications: F15

河南加快实施自贸试验区提升战略研究

张嘉斐　郭　宏*

【摘　要】建设自由贸易试验区是新形势下全面深化改革和扩大开放的重大战略举措。河南自贸试验区挂牌运营六年来，着力探索制度型开放的新模式、构建制度型开放的新体制，贸易投资便利化为核心的政策制度体系不断健全，制度创新与产业发展的融合程度不断深化，“两体系、一枢纽”建设加快推进。但同时也存在体制机制不健全、改革系统集成不足、与高标准国际规则差距大、制度创新与区域发展未完全适配、自贸试验区引领作用未充分发挥等问题。新时期，河南自贸试验区深入实施自贸试验区提升战略，需要进一步解放思想，通过增量改革和存量优化，着力破解制约高水平开放和高质量发展的政策制度障碍，更好服务构建“双循环”新发展格局。

【关键词】**河南　自贸试验区　制度型开放**

党的二十大报告提出，“实施自由贸易试验区提升战略”，为我国自贸试验区新一轮发展指明了方向、提出了更高要求。挂牌运营六年来，河南自贸试验区秉持“为国家试制度、为地方谋发展”使命，以制度创新为核心任务，以可复制可推广为基本要求，大胆试、大胆闯、自主改，聚焦投资贸易自由化便利化、金融开放创新、政府职能转变等众多领域进行一系列改革创新和大胆探索，着力构建市场化、法治化、国际化的营商环境，全面深化改革试验田的作用日益彰显。新时期，河南自贸试验区深入实施自贸试验区提升战略，需要进一步解放思想，以提升国际高标准经贸规则对接水平、提升市场准入水平、提升改革系统集成水平“三个提升”为重点，更加深入推进

* 张嘉斐，河南财经政法大学中国（河南）自由贸易试验区研究院，讲师、办公室主任，河南省郑州市郑东新区金水东路 180 号、河南财经政法大学郑东校区实验楼 B405 办公室，邮政编码：450002，电子信箱：105846859@ qq. com；郭宏，河南财经政法大学中国（河南）自由贸易试验区研究院，教授、执行院长，河南省郑州市郑东新区金水东路 180 号、河南财经政法大学郑东校区实验楼 B405 办公室，邮政编码：450002，电子信箱：gg_hh66@ sina. com。

制度型开放，更大力度破解制约高质量发展的政策制度障碍，为高水平对外开放和高质量发展提供更强大的动力。

一、河南自贸试验区建设成效显著

作为第三批试点，自河南自贸试验区运行以来，按照国家赋予的“两体系、一枢纽”战略定位，以制度创新为核心，大胆探索、勇于突破，在全面深化改革开放、促进产业发展、推进“两体系、一枢纽”建设等方面成效显著，充分发挥了改革开放的试验田作用。

（一）全面深化改革开放持续推进

对标国际经贸新规则，在投资、贸易、金融、事中事后监管、法律、要素资源等领域深化改革探索，破解深层次矛盾和结构性问题，制度创新取得显著成效。

一是营造良好制度创新环境。着力加强基础制度体系建设，已经形成总体方案引领、建设实施方案统筹、片区实施方案落实、五大服务体系支撑、专项配套政策合力支持、“意见”推动、“条例”依法保障的自贸试验区制度框架体系。注重推动政府管理理念和模式变革，以“放管服”改革为抓手，以事中事后监管为重点，以信息化为手段，全面推进政府管理体制机制创新，构建了条块结合、协同推进的管理架构和常态化的运行机制，形成了上下联动统筹协作，顶层设计与基层探索良性互动的格局。赋予自贸试验区更大改革自主权，以“综合性、一揽子授权”“应放尽放”为原则，省市政府加大向自贸试验区下放管理权限力度，充分释放自贸试验区在自主决策、制度创新、探索实践等方面的空间和活力。

二是强化系统集成改革。立足战略定位，依托区位特色、资源优势，着力强化系统集成创新，特色化集成化制度创新成效显著，以贸易投资便利化为核心的政策制度体系不断健全。主要表现在：（1）深化跨区域、跨部门、跨行业系统集成创新。打通不同地区、部门和行业之间的壁垒，推出了更多集成性制度创新成果。（2）深化新领域、新业态、新模式突破性创新。各片区立足功能定位，围绕多式联运、跨境电商、文化产业国际化、智能制造产业发展等重点改革领域，大力开展差别化、突破性制度创新。（3）深化多平台、多渠道、多主体联动性创新。统筹各类开放平台，协同整合多方力量，用足用好各类资源要素禀赋、功能优势和政策叠加效应，共同推进制度创新。（4）聚焦企业全生命周期服务创新。在企业开办、建设、运营、退出阶段，推出更多便利化措施。

三是加快推进制度型开放。河南把推进制度型开放作为推动现代化河南建设的“十大战略”之一，加快探索投资贸易便利化创新实践，积极构建与高标准国际规则相衔接的制度体系，探索形成了一批重大制度创新成果。“四路协同”、跨境电商、期货交易、文化产业国际化、营商环境等领域的改革创新举措走在全国前列。这些改革创新成果对标国际高标准经贸规则，对接国家战略要求，契合企业发展诉求，服务区域经济高质量发展和国家战略作用日益突出。六年来，累计形成546项改革创新成果，16项创新成果被国家层面采纳推广。

四是复制推广初显成效。不断优化复制推广机制和方法，推动建设河南自贸试验区开放创新联动区，推进自贸区与重点园区在制度创新协同、改革经验推广、省级权限下放、产业协同发展、开放平台打造等方面优势叠加、联动创新、共同发展，为全省改革开放带来了活力动力。

（二）制度创新与产业发展融合程度不断深化

聚焦产业发展所需创新制度供给，推动制度创新与产业发展深度融合、相互促进，制度红利不断转化为产业发展动力，产业结构转型步伐加快，新业态、新模式产业形态蓬勃发展。各片区聚焦特色产业链创新，产业发展实现高质量聚集，产业链特色优势显现，引领推动全省形成更高层次的现代产业体系。

一是营商环境不断优化。“证照分离”改革和负面清单管理模式得到全面实施，审批环节大幅压缩，投资准入限制大幅减少，投资服务体系日趋成熟。国际贸易“单一窗口”和便利化通关模式得到实质推进，自贸试验区片区法庭、国际商事仲裁院相继获批成立。从负面清单管理，到“证照分离”，再到“一次办妥”，通过不断创新政府管理体制机制，重审批、轻监管、弱服务的传统管理模式得以改变，法治政府和服务型政府建设成效显现，大幅降低了企业运营的各种制度性交易成本。

二是创新高地建设成效逐步凸显。聚焦重点产业，强化科技创新支撑保障，支持全产业链融合升级，赋能传统产业转型，培育发展战略性新兴产业，加快发展新经济、新业态、新模式，推动产业基础高级化、产业链现代化，打造多个具有竞争力的产业集群，逐渐形成以战略性新兴产业为先导、先进制造业和现代服务业为主体的现代产业体系。

三是特色产业培育初见成效。各片区立足发展定位和特色优势，将自贸试验区建设与推动地方经济社会发展有机结合，注重开展差别化探索，着力培育特色产业，力争打造各具特色的高质量发展模式。郑州片区打造多式联运国际性物流中心、开封片区建设服务贸易创新发展区和文创产业对外开放先行区、洛阳片区打造国际智能制造合作示范区三个专项方案出台，提出加大政策创新力度，赋能产业发展。郑州片区作为中国（河南）自由贸易试验区的重要组成部分与核心承载区，紧紧围绕国家赋予的“两体系一枢纽”战略定位，在跨境电商、多式联运等重点领域，形成一批在全国复制推广、具有示范引领的系统集成性的制度创新成果。开封片区通过三维共建“创新政策、搭建平台、培育主体”，积极探索文化产业国际化路径。洛阳片区探索高端制造发展新路径，重点发展装备制造、机器人、新材料等高端制造业。

（三）“两体系、一枢纽”建设加快推进

河南自贸试验区充分发挥交通枢纽优势，创新实践“空铁陆海”多式联运，打造贯通南北、连接东西的现代立体交通体系和现代物流体系，推动河南向全国货物流通最快最好的多式联运国际性物流中心迈进，促进交通区位优势加快转变为枢纽经济优势。

目前，以郑州立体综合交通枢纽为中心，陆空对接、通联海港、多式联运的现代综合交通运输体系初步建成，民航、铁路、公路“三网融合”和航空港、铁路港、公路港、出海港（国际陆港）“四港联动”的集疏运体系基本形成，“互联互通、物流全球、一单到底”的多式联运服务体系加快建设，国际、国内交通物流中心地位持续上升。陆上、空中、网上、海上四条“丝绸之路”建设取得重大进展，“四路并举”开放通道越来越宽。六年来，中欧班列（中豫号）累计开行超 8 300 班，业务网络遍布 40 多个国家、140 多个城市，形成了“境内境外双枢纽、沿途多点集疏”格局。郑州机场开通全货机航线 36 条，客运航线 194 条。“网上丝路”建设亮点突出，在全球范围内首创跨境电商保税进口“1210 模式”“一区多功能”“跨境秒通关”等创新举措成为行业标杆。

二、亟须解决的问题

（一）体制机制仍需完善

省自贸办、片区管委会统筹能力弱，导致重大创新难以统筹推进。跨层级、跨部门沟通衔接机制不畅，涉及多层级、跨部门的任务较难突破。有些地方机构职能整合后，自贸试验区片区管委会职能弱化严重。试错容错、考

核评价、督察激励等机制执行不到位，导致有些职能部门参与意愿不强。调研评估发现，由于体制机制不完善，有些地方对自贸试验区建设的重要意义认识不到位，缺乏工作主动性协同性。因此，需要进一步完善省级、市地政府、自贸区片区层面的管理体制机制，明确各自职责分工与决策权限。提升自贸试验区片区管委会的法律地位，进一步强化管委会职能，赋予自贸试验区更大改革自主权。切实落实考核评价、督查激励等机制，实施容错免责，支持担当作为。

（二）改革系统集成不足

制度创新是一项系统工程，各项改革举措紧密相连，相互促进。因此，强化改革的系统性、整体性、协同性，对于提升制度创新的整体实效至关重要。在推进河南自贸试验区建设过程中，由于存在部门利益及跨部门政策藩篱，推出的不少改革举措不能协同推进，仍处于“碎片化”状态。制度创新的系统性、协同性不够，严重影响市场主体的感受度和获得感，制约了制度红利的充分释放。

（三）对标高标准国际规则仍有很大空间

经调研评估，河南自贸试验区探索对标《全面与进步跨太平洋伙伴关系协定》（CPTPP）、《数字经济伙伴关系协定》（DEPA）110 项国际高标准规则中，53 项规则已全面对标探索，39 项部分对标探索，18 项未对标探索。总体上，与高标准国际规则的差距主要表现在传统经贸合作领域对接国际通行规则不够、新兴领域和“边境后”规则探索不足。在传统经贸领域，贸易自由化和便利化的双轮驱动政策格局还没有完全形成，投资开放仍然存在“大门已开、小门未开”现象，开放措施未能有效落实；跨境资金流动、科技金融、跨境电商金融等领域金融服务创新有限。在数字贸易、数字金融等新兴领域和政府采购、国有企业、环境保护等“边境后”规则领域，对标国际先进规则处于初步探索阶段，成效尚不明显。

（四）制度创新与区域发展需要尚未完全适配

主要表现在传统管理和监管模式与新经济、新业态发展需要之间不相适应的矛盾仍然突出，行业管理的事权与地方扩大开放和改善营商环境的迫切需要之间不相匹配，部分制度创新与市场需求相脱节，制度创新与产业创新协同机制仍需完善，跨区域合作创新不够等，这些问题导致自贸试验区引领带动产业转型升级的作用不够明显。有些部门局限于传统思维定式，相关发展领域改革破冰、破题的能力和经验缺乏；个别人员专业水平不高，缺乏解决新问题能力，队伍建设亟待加强。这些因素也是导致制度创新和产业发展需要匹配度不高的重要原因。

（五）自贸试验区引领作用尚未充分发挥

发挥自贸试验区引领作用的体制机制尚未完全建立，开放创新联动区建设等政策举措有待落地实施，还未完全实现自贸试验区与全省各类开发开放平台制度创新共试、改革赋权共享、政策措施共用。究其原因，缺少联动发展完备机制和平台是一个重要制约因素。河南在顶层制度设计中，强调要实现全省联动发展，但缺少相关协同机制和联动发展平台支撑。在统筹推进国家战略方面，还存在耦合度不高、战略叠加效应不显著的问题。由于尚未全面构建自贸试验区与省内其他开发开放载体的协同合作机制，导致不能实现自贸区与各类开发开放载体的对接和协同。

（六）重大制度创新举措有待明确

中央提出要推进实施自贸试验区提升战略，对于如何实施，河南尚未出台相关规划和方案，未来发展方向仍不明晰。此外，河南自贸区仍有尚未完成的试验任务，这些任务基本属于中央各部委明确暂不实施的内容，未来如何推进也未明确。2021 年 4 月，河南出台《关于推进中国（河南）自由贸易试验区深化改革创新打造新时代制度型开放高地的意见》，作为统筹性指导文件已不能适应快速发展的形势需要，亟须进行调整升级。

三、着力推进九大提升战略

为深入贯彻党的二十大精神，更好地实施自贸试验区提升战略，需要高起点、高目标系统设计新一轮发展路径，推进全方位、深层次、根本性的制度创新，进一步提升制度创新能级、开放发展能级、服务产业能级、创新驱动能级、系统集成能级、联动发展能级，着力推进九大提升行动。

（一）高水平制度型开放提升行动

主动对接高标准国际经贸规则，既要在“公平”议题上对高水平国际经贸规则进行“先行先试”，也要在“发展”议题上加快推进中国规则范式探索（刘斌、刘一鸣，2023）。制度对标是制度型开放现阶段的重要任务，要强化制度学习，抓紧研究 CPTPP、DEPA 等高标准国际规则，明确在传统经贸合作领域、新兴领域、“边境后”领域、行业规则标准等领域对接国际高标准规则方面需要重点突破的内容，不断创新制度体系，完善有利于对接国际规则的制度框架。在商品贸易领域，拓展国际贸易“单一窗口”功能，精简贸易监管、许可和程序要求，推进智能化通关、扩大进口便利化。在服务贸易领域，探索跨境服务贸易负面清单管理模式，消除技术贸易壁垒，提高服务贸易监管水平。在投资领域，完善准入前国民待遇加负面清单管理模式，加大投资自由化力度，放宽服务业外资市场准入限制。在数字贸易领域，探索建立数字贸易创新发展规则体系，放宽数字贸易领域市场准入，推进跨境数据流动自由便利，探索建立数据要素流通和交易制度，探索构建电子商务新规则。在跨境人员流动领域，进一步放宽人员自由进出限制，实行更加宽松的商务人员临时出入境政策、便利的工作签证政策，进一步完善居留制度（全毅、王春丽，2023）。在国有企业改革领域，探索国有企业分类管理与改革，推进构建公平竞争规则，推动国有企业遵守透明度原则，规范政府对国有企业的补贴政策。在政府采购领域，着力提升政府采购过程的公平性和透明度，强化政府采购监管体系改革，推进国内政府采购法律国际化。在知识产权领域，着力建设以市场为导向的知识产权创造、应用、保护服务体系，完善知识产权保护机制、侵权赔偿、服务平台建设。在环境保护领域，完善绿色贸易法律制度，创新环境监管模式，健全企业环保信用评价制度，推进绿色采购制度化，探索绿色供应链标准体系，打造绿色金融体系，推进绿色发展指标体系建设。在行业标准领域，推进重点行业领域的标准制定，鼓励企业研发行业标准，探索陆上贸易单证标准化体系建设，促进国内标准国际化。

（二）双向开放通道提升行动

立足“两体系一枢纽”战略定位，优化通道网络布局，促进“四路协同”，积极打造“数字丝路”，不断放大国际大通道优势。一是优化国际航线网络布局，开辟和加密航线。深入实施郑州—卢森堡“双枢纽”战略，不断拓宽合作领域，丰富合作内容。加快建设河南—柬埔寨—东盟“空中丝绸之路”，拓展东南亚新航圈。瞄准“空中经济廊道”建设，加快建设郑州—柬埔寨—东盟第二条“空中丝绸之路”。二是不断完善陆上通道网络。推动中欧班列（中豫号）东盟—郑州—中亚过境中转班列常态化运行，积极打通南阳至老挝万象新能源汽车国际物流通道。三是加快推进与瓜达尔港的战略合作，打通郑州港—瓜达尔港“水上丝绸之路”。四是大力推进国际物流体系建设，支持企业建设跨境电商海外仓、商品展示中心、分拨中心、售后服务中心，完善“网上丝绸之路”。全面提升郑州、洛阳等综合交通物流枢纽与节点的功能地位，加快建设以“一单制”为核心的多式联运服务体系，探索创立高标准的多式联运技术标准，有效对接国际联运规则。大力发展“通道+枢纽+网络”的现代物流体系，构建物流枢纽干线网络体系，健全转运、装卸等物流标准，推进集装箱、托盘等设备标准化。进一步扩大物流业对外开放，建设国际化物流基地和国内集疏分拨中心，构建国际、区域、城市三级物流配送网络体系，最终实现“一单到底、物流全球”。加快形成高效运营的功能口岸体系和辐射全球的口岸开放新格局。推动口岸管理相关部门共用数据标准、共享数据信息、协同监管服务。探索开展口岸查验机制创新和口岸管理部门综合执法试点，创新多式联运（内陆型）海关和检验检疫监管模式，进一步简化流程，提高通关效率。五是加快推进“丝路电商”建设，打造“数字丝路”。统筹发展跨境电子商务及配套线下业务，完善海关、检验检疫、退税、物流等支撑系统，健全售后服务和维权体系。积极推进“跨境电商+智慧物流”，建设智慧物流园区，打造国际网购物品集散分拨中心。

（三）全方位开放平台提升行动

积极打造开放标识，彰显国际元素，提升开放平台能级。一是积极推进自由贸易港建设，以全方位开放、全要素流动的改革理念，分步骤、分阶段构建自由贸易港政策和制度体系，着力推进金融自由、贸易自由、投资自由三大主线建设，积极争取中央授权，在授权范围内深入开展体制机制创新和服务创新。二是全面实施《推进“一带一路”沿线大通关合作行动计划》，探索与“一带一路”共建国家在技术标准、单证规则、数据交换、检验检疫、认证认可、通关报关、资质审核、安全与应急处置方面的合作机制建设。推进境内境外双向设立跨境贸易平台和电商综合运营中心，开展郑州铁路口岸与“一带一路”沿线口岸之间的集装箱加挂业务试点，探索郑欧班列起运地退税和国际中转运输模式。三是深化域内海关口岸开放合作，强化物流信息协同，联动推进贸易监管方式转变。四是推动更多外国代表机构、国际组织和国际活动落户。争取将航空港区作为“中国（河南）‘空中丝绸之路’国际合作论坛”永久性会址，积极筹办“空港经济发展论坛”等。五是积极引进建设世界知名品牌连锁酒店和商场、国际风情精品街、“一站式”涉外事务服务中心、国际医院、国际学校等特色项目，加快提升国际化水平。

（四）产业链供应链提升行动

坚持以构建新发展格局引领自贸试验区产业升级，基于重点产业开展全产业链系统集成创新。通过制度创新加快建设现代化产业体系，维护产业链供应链安全稳定。一是聚焦再制造、医养健康、智能制造、集成电路、量子信息、文化旅游等更多重点产业，基于全产业链开展制度创新，量身定制一揽子政策制度，构建覆盖全产业链的制度创新工作机制和系统性政策制度体系（崔卫杰，2023）。二是构建优势主导产业对外合作产业链供应链。利用RCEP累计原产地规则，构建RCEP区域产业链供应链。聚焦新一代信息技术、航空航天、生物医药等领域，培育跨区域一体化发展的产业集群，合作构建安全稳定的产业链供应链。三是强化“一带一路”供应链服务保障。发挥空港枢纽优势，加强与东南亚、中亚、欧洲等国家经济技术合作，围绕重点行业产业链供应链关键原材料、中间品、技术和产品，拓展其他可替代供应渠道，促进形成供应链多元化格局。四是大力培育发展产业链高价值环节。加快培育总部经济、产业链高价值服务环节，大力发展商贸流通、专业会展、科技研发、数字贸易等现代服务业态。

（五）科技创新提升行动

坚持以创新驱动打造自贸试验区经济增长新引擎，加快实施创新驱动、科教兴省、人才强省战略，做强创新平台，壮大创新主体，集聚各种先进的创新要素。加大政策供给力度，完善创新制度，优化创新生态，着力解决制约科技创新的深层次制度和政策障碍，鼓励市场主体不断创新。一是构建便捷高效的创新要素出入境通道，提升与全球创新网络节点的交流可达性。二是探索建立“离岸研发、就地转化”的产学研合作机制。探索建立研究开发、成果转化容错保护机制。探索实施境外人才个税补差政策，境外高端紧缺人才奖励政策。三是促进产业链创新链融合发展。围绕产业链部署创新链，推动创新全面服务产业发展；围绕创新链布局产业链，推动科技成果首次商业化应用和产业化，催生“人工智能+”“工业互联网+”“创新设计+”等硬科技产业新业态。四是积极引进国内外知名高校、科研机构入驻。推动建设重大科技基础设施功能区，争取国家大科学装置布局。积极引进国内外知名高校设立分校或研究院，提升科技创新能力。

（六）营商环境提升行动

全面对标国际一流营商环境，在贸易投资环境、产业发展环境、人才发展环境、政务环境、法治环境、信用环境等方面，顺应市场主体期待，突出问题导向，全面提升软硬市场环境，进一步破除发展障碍。深入推进市场准入负面清单管理，全面落实准入前国民待遇加负面清单管理模式的外资准入制度，实现各类市场主体依法平等准入。持续推进“证照分离”改革，以照后减证为重点，进一步破解市场主体“准入不准营”问题。加快推进“互联网＋政务服务”，打造网上政务服务统一平台，促进以“一网通办”为核心的智慧政府的建设。加强法律服务创新，推动立法决策与高水平改革开放决策相衔接相适应，健全仲裁体制机制，优化机构设置和审判资源配置，探索开展调解与仲裁、仲裁与诉讼相衔接的新型服务模式，着力构建“机制健全、仲调结合、一律平等”的法律服务体系。

（七）数字自贸试验区提升行动

按照河南省实施的数字化转型战略要求，突出数字化引领、撬动、赋能作用。推动数字化改革和自贸试验区建设充分融合，打造数字政府，提升数字监管、数据治理效能。创新发展数字贸易，加快推动数字产业化，积极推进产业数字化。加快推进数字物流、数字金融、数据枢纽、数字口岸建设，建立数字经济创新引领的先行区。加快对标高标准国际数字贸易规则，构建跨境数据流动安全管理新机制和多层次跨境数据流动监管秩序，完善数据要素确权与定价机制，积极开展数据跨境流通业务合作，以技术创新为数据跨境流动提供可信机制和监控能力，推动数据要素市场更高水平对外开放，以数据安全有序流动带动跨境数据产业链的提升和完善，充分释放数字要素价值（殷凤、党修宇，2023）。

（八）系统集成改革提升行动

凝聚改革合力，强化政策配套制度集成的系统性，最大化改革成效。持续深化行政管理体制改革，大力推进政府部门职能整合与流程再造，打破部门分割，强化协同合力。完善央地、省地、部门间常态化协调机制，加强沟通协作和相关政策衔接。在推进重大改革举措过程中，尤其要加强顶层设计，全流程梳理改革逻辑链条、设计改革事项、集成改革举措，形成同步联动改革的责任链、措施链。在投资管理方面，进一步完善企业从市场准入到退出全链条改革，构建高水平投资管理服务体系。在推进贸易便利化方面，积极拓展国际贸易“单一窗口”功能，实现国际贸易业务全流程覆盖。在构建现代交通物流体系方面，着力推进多式联运的标准制定、平台建设、监管创新，推进交通物流融合发展。在金融创新方面，构建开放创新与防范风险并重的金融服务体系。在法律保障方面，既要加强自贸试验区立法建设，又要做好与相关法律立改废释的衔接，最终形成机制健全、仲调结合、一律平等的法律服务体系。

（九）协同联动发展提升行动

加快构建区域联动发展机制，加快落实复制推广、开放创新联动区建设等改革举措，推进全省各类开发开放平台创新协同、制度政策共享，促进多维度融合、多要素联动、多主体协同，打造产业转移、要素集疏的战略合作平台，在全省范围打造“全域自贸”。一是建立健全联动创新区管理体制。构建联动创新发展区创新发展评估指标体系，从成果复制、平台建设、协同改革、联动合作等方面评价其发展成效。二是完善协同制度创新机制。设计制度创新协同机制、跨区域基础设施共享机制、合作区收益共享机制、争议解决机制等。三是健全产业发展协同机制。加强自贸试验区内外产业规划、产业政策、产业生态链和产业资金流的协同互动，强化功能关联，推动产业优势互补、协调联动、错位发展，有效衔接内部价值链，引领区外价值链。四是加强省际协同合作。探索区域协调发展新路径，建立跨区域合作机制、要素流动机制、产业协同机制和制度协同机制，促进跨区域要素流通，加强信息共享通道建设（姜启军、韦有周，2023）。以强化与黄河流域省市全方位合作为突破点，推动与长三角、粤港澳大湾区等全国重要城市群的协同创新发展。

参考文献

1. 崔卫杰．实施自贸试验区提升战略的六大任务［J］．开放导报，2023（4）．

2. 姜启军，韦有周．构建双循环交汇的自贸试验区联动发展的机制及路径［J］．现代商贸工业，2023（18）．

3. 刘斌，刘一鸣．国际经贸规则重构与中国自贸试验区发展：对接与联动［J］．中国特色社会主义研究，2023（3）．

4. 全毅，王春丽．以制度型开放推进实施自贸试验区提升战略［J］．开放导报，2023（4）．

5. 殷凤，党修宇．上海自贸试验区率先探索构建高标准跨境数据流动规则体系研究［J］．科学发展，2023（9）．

Henan Accelerates the Implementation of Free Trade Pilot Zone Improvement Strategy Research

Zhang Jiafei　Guo Hong

[**Abstract**] The construction of free trade pilot zone is a major strategic measure to comprehensively deepen reform and expand opening up under the new situation. In the six years since the Henan Pilot Free Trade Zone was put into operation, it has focused on exploring new models of institutional opening and building a new system of institutional opening. The policy and institutional system with trade and investment facilitation as its core has been continuously improved, and the integration of institutional innovation and industrial development has continued to deepen, the construction of "two systems, one hub" has been accelerated. However, there are also problems such as imperfect systems and mechanisms, insufficient integration of the reform system, a large gap with high-standard international rules, institutional innovation and regional development that are not fully adapted, and the leading role of the free trade pilot zone has not been fully exerted. In the new era, the Henan Pilot Free Trade Zone is deeply implementing the strategy of upgrading the pilot free trade zone. It needs to further emancipate the mind and strive to break down policy and institutional obstacles that restrict high-level opening up and high-quality development through incremental reforms and stock optimization, so as to better serve the construction of "dual circulation" new development pattern.

[**Key Words**] Henan Province　Pilot Free Trade Zone　Institutional Opening

JEL Classifications: F18

自贸试验区建设对企业创新的影响

谷祖莎　田爱瑞*

【摘　要】基于2009~2021年的全部A股上市公司数据，本文采用多期双重差分模型检验自贸试验区建设对企业创新活动的影响。研究发现，自贸试验区的建设能够显著提升企业创新的投入、产出水平和效率，该结论经过一系列稳健性检验后仍然成立。进一步研究发现，自贸试验区建设能够通过缓解融资约束和提高区域知识产权发展水平分别提高企业创新投入和产出水平。此外，自贸试验区的建设对企业创新投入水平的提升作用主要体现在非国有企业、高新技术企业、成长期企业以及成熟期企业中，对企业创新产出水平和创新效率的促进作用主要体现在国有企业、非高新技术企业和成长期企业中。本研究丰富了自贸试验区建设的微观影响的文献以及企业创新影响因素的相关研究。

【关键词】**自贸试验区建设　企业创新　创新效率　融资约束　知识产权**

一、引　言

在全球利益格局的不断变化以及中国经济与资源环境问题的矛盾日益突出的背景下，推动我国经济发展从粗放式向创新式转变成为重中之重。创新不仅是我国构建以国内大循环为主体、国内国际双循环相互促进的新发展格局的关键变量，也是企业获取更高利润和提升市场竞争力的重要因素。企业是市场的主体，是创新活动的重要主体，企业创新能力的提升是建设国家创新体系的核心环节。深入探究企业创新的影响因素能够助力企业创新能力的

* 谷祖莎，山东大学自贸区研究院，教授，山东省威海市环翠区文化西路180号山东大学商学院，邮政编码：264200，电子邮箱：gzs@ sdu. edu. cn。田爱瑞，山东大学自贸区研究院，硕士研究生，山东省威海市环翠区文化西路180号山东大学商学院，邮政编码：264200，电子邮箱：675980567@ qq. com。

提升（姚立杰、周颖，2018）。因此，如何提高企业创新能力受到了学界的广泛关注。

一方面，企业内部的因素能够直接对企业创新产生影响。从企业内部管理来看，管理层是公司治理中最为核心的要素之一，企业高管团队创新决策实际上决定了企业技术创新的绩效，一定程度上高管的能力越强，企业的创新能力则越强（钱等，2013），因此，拥有不同背景的高管就会表现出对企业创新的不同影响。除此之外，不同生命周期阶段企业的投资策略、创新意愿和创新类型均存在差异（朱磊等，2022），企业的股权结构（Battagion，2000）、跨行业行为（田梓青等，2020）、现金流状态（刘波等，2017）等企业内部因素也会对企业创新产生影响，以上研究丰富了企业创新公司内部影响因素的相关文献。

另一方面，相较于其他投资，创新活动具有周期长、不确定性高、投入大等特点，因此更容易受到外部环境的影响（Hsu et al.，2014）。为了提高企业创新的积极性，我国政府采取了直接对企业创新进行财政补贴的方式，但财政补贴对企业创新的作用并不明晰，有研究表明政府补助与企业创新之间存在非线性关系（施建军、栗晓云，2021）；除此之外，政府也通过税收等政策来间接降低企业创新成本，研究显示“营改增”政策能通过产学研协同显著地提高企业创新效率（王华等，2020）。当然，人才相关政策和环境规则政策等宏观经济政策也会对企业创新产生影响。

目前对企业创新的研究更多关注的是与创新相关的具体政策，而鲜少有学者关注自贸试验区建设对企业创新的影响。而自贸试验区建设是新时期我国深化改革开放、实现中华民族伟大复兴中国梦的重要举措，其围绕贸易、投资、金融、运输、人员五个自由便利展开集成改革创新，推动了人才、资金等要素在自贸试验区内部集聚，极大优化了区域营商环境（Shen and Vanhullebusch，2015），显著提升区内创新能力（方云龙、刘佳鑫，2021）。曹翔（2021）发现自贸试验区设立能显著地促进政府对高技术产业的研发投入，徐洁香（2020）则发现闽、津、粤自贸试验区的建设显著促进了当地创新质量较高的发明专利和实用新型专利数量的增加，减少了外观新型专利的授权数量，总体提升了地区创新质量。

上述研究都是基于宏观层面展开的自贸试验区建设对企业创新的影响，目前鲜少有学者基于微观层面展开研究。方云龙（2021）研究发现自贸试验区的建设能够提升创业板企业创新的研发投入和专利授权数，谭建华（2020）发现自贸试验区的建设能够显著提升企业专利申请的数量。可知当前自贸试验区建设对企业创新影响的研究主要是以企业创新投入和创新产出来衡量企业创新的，而创新活动是涉及投入、产出的复杂研发活动，投入或产出的单一指标难以代表真实的创新水平，能否保持一个较高水平的研发活动是企业能否守住当下业绩并提高未来可持续发展潜力的重要因素，从投入产出的角度来看，只有研发投入与研发成果能够达到一个较为理想的比例时，研发活动才能够到达一个较高水平。

但在现有文献中，鲜有同时从创新投入、创新产出和创新效率多角度来研究自贸试验区建设对企业创新影响的文献。在此背景下，本文以自贸试验区的建设为视角切入，基于创新投入、产出和效率的三维视角，深入研究自贸试验区的建设对企业创新的影响和机制，探讨自贸试验区建设对不同产权性质、不同行业、不同生命周期阶段企业创新活动的异质性影响，以期进一步丰富自贸试验区建设影响领域以及企业创新领域的相关文献。

二、理论分析与研究假说

自贸试验区的建设能够对企业创新投入、产出和效率分别产生何种影响呢？本文从以下几个方面进行分析。

第一，企业创新的各个环节都离不开大量资金的推动，因而创新活动能否持续高度依赖于企业的现金流状况（刘波等，2017），而我国企业的现金流很大程度上依赖于外部的金融环境。在金融领域，自贸试验区采取了积极优化跨境金融服务、试行跨境人民币资金池、试点融资租赁公司外债便利化、加快引进境外期货交易者等一系列措施，这些措施为企业创新提供了更为充足的现金流、提高了金融服务实体经济的效率和企业投资效率，为企业创新提供更为便捷的金融服务，有利于缓解企业融资约束，促进企业创新投入水平的提高。

第二，自贸试验区的金融政策改革显著降低了融资成本和制度性交易成本，促进了企业的外资引入（曹翔等，2021）。一方面，外资的大量流入加剧了市场竞争，依据竞争效应，为了提升自身竞争力、避免被外资企业挤占更多市场份额，企业会被迫提高创新投入、产出水平和创新效率；另一方面，外资企业的进入往往会带来更为先进的技术，由于与外资企业同处于一个区域，外资企业的先进知识和技术会产生一定的溢出效应，当区域内企业意识到自身与外资企业的技术差距时，企业会自觉提高创新投入水平、产出水平和创新效率。

第三，由于创新活动具有易被泄露、难以追责的特点，所以知识产权的司法保护水平也会对企业创新产生影响，政府可以通过加大知识产权保护执法力度来减少研发溢出损失和缓解外部融资约束促进企业创新，研究表明知识产权法院的建设能够促使整体专利结构向高质量专利偏移（黎文靖等，2021）。探索知识产权综合管理是自贸试验区的重要任务之一，上海自贸试验区 2015 年建立国内第一个专利、商标、版权的集中管理机构，此后广东自贸试验区也建立了知识产权事务集中统一管理系统。截至 2021 年，我国已设立的自贸试验区均出台了若干政策来推动知识产权的发展。自贸试验区的建设使得区内知识产权保护水平、知识产权运用水平得以提高，从而降低了企业创新活动被泄露的风险，提高企业的创新意愿。

综上所述，本文提出如下假说：

假说1：自贸试验区的建设能够有效提高企业创新投入水平。

假说2：自贸试验区的建设能够有效提高企业创新产出水平。

假说3：自贸试验区的建设能够有效提高企业创新效率。

三、研究设计

（一）样本选取与数据来源

本文以2009~2021年的全部A股上市公司为初始研究样本，此外，为保证样本的有效性和结论的准确性，本文剔除金融类上市公司样本和研究期间被标注ST和*ST的样本，并删除控制变量缺失过多的样本，最终获得21 050个样本。为了缓解极端值可能导致的结果偏差，对所有回归涉及的连续变量进行1%的缩尾处理。上市公司财务数据、专利数据主要来源于CSMAR数据库，由于部分创新效率需要同时考虑当年和上年研发投入金额，故实际参与回归数据为2010~2021年数据。

（二）变量选取

1. 创新投入和创新产出

创新投入是创新活动的开端，创新产出是创新活动进行的目的，提高创新投入水平和创新产出水平对提升企业创新能力至关重要。从创新投入角度看，当前学者主要使用研发支出强度、研发投入金额作为创新投入的代理指标，由于研发金额占总资产比重具有客观性强、代表性高的特点，本文选取研发投入金额占总资产的比重作为创新投入的代理变量，稳健性检验时采用进行平减后的实际研发投入金额作为替代变量。

从创新产出的角度来看，现有文献主要采用新产品销售收入、专利申请量和专利获批量作为创新产出的代理变量，专利获批会受到诸多外来因素的影响，具有较大的不确定性，而专利申请数更能够完整地代表创新产出的真实成果。因此，本文选取发明专利申请数作为创新产出的代理指标，为了消除专利数为0的样本影响，本文对发明专利申请数进行加1取对数处理，稳健性检验时，我们将外观专利和实用新型专利统称为非发明专利，作为创新产出的替代变量。

2. 创新效率

目前衡量企业创新效率的方法主要有以下两种：一种是使用比值的方式直接测算企业创新效率（姚立杰、周颖，2018）；另一种是使用 DEA 等方法对企业创新效率进行测度（王华等，2020）。本文认为创新活动实际上是多投入多产出的活动，对于企业创新活动来说，投入包括资金的投入（研发经费支出）以及人力资源的投入（研发人员），产出则包括实物产出（专利的产出）以及经济效益的产出（营业收入总额）。DEA 方法能够对多投入、多产出的创新活动进行效率测度。因此，本文首先构建 DEA 模型测度企业创新效率，具体模型构建如（1）所示：

$$\min_{\lambda} z_0 = \theta_0 \tag{1}$$

$$\sum_{j=1}^{n} \lambda_j y_{rj} \geqslant y_{r0} \quad r = 1, 2, \cdots, s$$

$$\theta_0 x_{i0} - \sum_{j=1}^{n} \lambda_j x_{ij} \geqslant 0 \quad i = 1, 2, \cdots, m$$

$$\sum_{j=1}^{n} \lambda_j = 1 \quad j = 1, 2, \cdots, n$$

其中，y_{rj} 为第 j 个单元的产出指标，x_{ij} 为第 j 个单元的投入指标，λ_j 为权重向量，计算出的 θ_0 则是第 i 家企业的效率值，当效率值为 1 时，则表明该企业处于效率前沿面上，该单元的创新活动是有效的。

其次，借鉴王华等（2020）的研究，本文构建如表 1 所示的“投入—产出”的创新效率测度体系。需要说明的是，创新活动中通常选用专利申请数作为实物产出的代理变量，为了能够更全面、更客观地考虑所有创新产出成果，本文参考白俊红（2011）的研究，给发明专利、实用新型专利和外观设计专利分别赋予 0.5、0.3、0.2 的权重，计算其加权平均值作为专利申请加权数，然后作为实物产出的代理指标测算 IE_1。稳健性检验时，将专利申请总数直接作为实物产出的代理指标测算 IE_2。而经济产出的最佳代理变量是新产品收入，但当前只有工业企业会对其新产品收入进行披露，由于本文的样本包括除金融业外所有行业的企业，因此本文使用营业收入总额作为经济产出的代理变量。具体的投入产出变量如表 1 所示。

表 1　　DEA 模型投入产出变量

目标变量	准则变量	可测变量	代理指标
IE_1	投入变量	人员投入（x_1）	研发投入人员
		资金投入（x_2）	研发经费支出

续表

目标变量	准则变量	可测变量	代理指标
IE_1	产出变量	实物产出（y_1）	专利申请加权数
		经济产出（y_2）	营业收入总额
IE_2	投入变量	人员投入（x_1）	研发投入人员
		资金投入（x_2）	研发经费支出
	产出变量	实物产出（y_1）	专利申请数
		经济产出（y_2）	营业收入总额

3. 自贸试验区建设

自贸试验区的建设是一项分地区逐步展开的政策，对于区域内企业来说，自贸试验区的建设可以看作是一项外生政策冲击。自贸试验区对企业创新的影响可以通过对比自贸试验区试点地区企业和非试点地区企业的相关创新指标来进行检验。本文将上市公司企业地址与自贸试验区试点城市进行手工匹配，对核心解释变量（FTZ1）设定如下：若企业地址位于自贸试验区试点城市内部，则虚拟变量 FTZ1 在自贸试验区设立当年及以后年度取值为 1，否则为 0。

4. 控制变量

本文选取的控制变量具体包括企业规模（Size）、企业年龄（Age）、股东股权集中度（Own）、管理费用率（Mana）、资产负债率（Lev）、二职合一（Dual）、高管薪酬（Compen）和资产报酬率（Roa），主要变量定义及代理指标信息如表 2 所示。

表 2　　变量定义表

变量		定义	代理指标
被解释变量	创新投入	$R\&D_1$	研发投入金额/总资产
		$R\&D_2$	Ln(平减后研发投入金额)
	创新产出	$Patent_1$	Ln(发明专利申请总数 +1)
		$Patent_2$	Ln(非发明专利申请总数 +1)
	创新效率	IE_1	用 DEA 方法测算得出
		IE_2	用 DEA 方法测算得出
解释变量	FTZ	自贸试验区虚拟变量	企业当年处于自贸试验区试点城市内取 1，否则取 0

续表

变量		定义	代理指标
控制变量	Size	企业规模	市值的自然对数
	Age	企业年龄	Ln(观测年度 - 企业成立年度)
	Own	股东股权集中度	第一大股东持股比例
	Mana	管理费用率	管理费用/营业收入
	Lev	资产负债率	资产负债总额/企业资产总额
	Dual	二职合一	董事长与总经理兼任情况，兼任取1，否则取0
	Compen	高管薪酬	董事、监事及高管年薪的自然对数
	Roa	资产报酬率	(利润总额 + 财务费用)/总资产

（三）模型构建

本文使用2009～2021年的上市公司数据分析自贸试验区建设对企业创新投入、创新产出和创新效率的影响，按照企业注册地是否处于自贸试验区试点城市内，将样本分为处理组和控制组。本研究采用多期双重差分法来衡量自贸试验区的设立对企业创新的影响。为了检验本文的3个假说，本文分别构建了模型（2）、模型（3）、模型（4）：

$$R\&D_{i,t} = \alpha + \beta_1 FTZ_{i,t} + \beta_2 Controls_{i,t} + \sum Firm_i + \sum Year_i + \varepsilon_{i,t} \quad (2)$$

$$Patent_{i,t+1} = \alpha + \beta_1 FTZ_{i,t} + \beta_2 Controls_{i,t} + \sum Firm_i + \sum Year_i + \varepsilon_{i,t} \quad (3)$$

$$IE_{i,t} = \alpha + \beta_1 FTZ_{i,t} + \beta_2 Controls_{i,t} + \sum Firm_i + \sum Year_i + \varepsilon_{i,t} \quad (4)$$

模型（2）用来检验自贸试验区建设对企业创新投入的影响；模型（3）用来检验自贸试验区建设对企业创新产出的影响，式中的$Patent_{i,t+1}$为专利申请数量的对数值，由于创新产出具有一定的滞后性，因此被解释变量在此处采用滞后一期的数据；模型（4）用来检验自贸试验区建设对企业创新效率的影响。三个模型中，$Controls_{it}$是其他可能影响企业创新的一系列控制变量，并进行了个体固定效应和年度固定效应的控制。

（四）描述性统计

表3报告了本文主要变量的描述性统计分析结果。样本中研发投入强度（$R\&D_1$）的最小值和最大值分别为0.0001、0.1054，说明不同企业的创新投入之间存在较大差异；取对数后的发明专利申请量（$Patent_1$）最小值为0.0000，最大值为4.4188，表明不同企业间的创新产出存在较大的差异。创新效率IE_1

的均值和中位数分别为0.0240和0.0070，呈现右偏分布，标准差为0.0767，说明样本间的企业创新效率差异较大。自贸试验区建设的变量FTZ的均值为0.2650，说明样本期间约有26.5%的样本受到了自贸试验区建设的影响。

表3　　全样本描述性统计

变量	均值	标准差	最小值	中位数	最大值
$R\&D_1$	0.0222	0.0174	0.0001	0.0193	0.1054
$R\&D_2$	1.0829	2.0829	0.0057	0.4491	22.7647
$Patent_1$	0.4848	0.8980	0.0000	0.0000	4.4188
$Patent_2$	0.4224	0.9805	0.0000	0.0000	8.5156
IE_1	0.0240	0.0767	0.0001	0.0070	1.0000
IE_2	0.0235	0.0760	0.0001	0.0068	1.0000
FTZ	0.2650	0.4413	0.0000	0.0000	1.0000
Size	22.6906	1.0756	20.7118	22.5486	26.2508
Age	2.7758	0.3725	1.3863	2.8332	3.4657
Own	34.4863	14.2272	8.7726	32.5901	74.1799
Mana	0.0891	0.0643	0.0093	0.0738	0.4700
Lev	0.4207	0.2053	0.0490	0.4119	0.9343
Dual	0.2842	0.4510	0.0000	0.0000	1.0000
Compen	15.2124	0.6977	13.2950	15.1958	17.1828
Roa	0.0558	0.0555	-0.2567	0.0535	0.2372

资料来源：根据Stata 15.0计算得出。

四、实证检验

（一）自贸试验区建设对企业创新投入、产出和效率的影响

表4报告了基准模型的回归结果，第（1）~（6）列分别为以研发投入强度（$R\&D_1$）、取对数后的发明专利申请数（$Patent_1$）与创新效率（IE_1）为被解释变量时的回归结果。表4中第（1）~（3）列为未添加控制变量时的回归结果，第（4）~（6）列为添加控制变量后的回归结果，自贸试验区的建设与研发投入强度（$R\&D_1$）、发明专利申请数（$Patent_1$）和创新效率（IE_1）的回归系数分别在5%、10%和5%的统计性水平上显著，即自贸试验区建设

对企业创新投入、产出水平和创新效率均具有显著的正向影响。从系数来看，FTZ 与 $R\&D_1$、$Patent_1$ 和 IE_1 的回归系数分别为 0.0006、0.0046 和 0.0457，分别为样本标准差的 5.7%、5.1%、6.5%，即上述系数不仅具有统计意义上的显著性，还具有经济意义上的显著性。可知，本部分的实证结论支持了本文的全部假设，且加入控制变量与否对结论影响不大，也在一定程度上证明了文章结论的稳健性，即自贸试验区的建设能够有效提升企业创新投入水平、产出水平和创新效率。

表 4　模型主检验回归结果

变量	(1)	(2)	(3)	(4)	(5)	(6)
	$R\&D_1$	$R\&D_1$	$Patent_1$	$Patent_1$	IE_1	IE_1
FTZ	0.0005 (1.49)	0.0006 ** (1.97)	0.0506 ** (2.25)	0.0457 * (1.86)	0.0045 * (1.88)	0.0046 ** (1.97)
Size		-0.0012 *** (-3.43)		0.1192 *** (6.36)		0.0004 (0.20)
Age		-0.0028 (-1.58)		0.0563 (0.56)		0.0288 (0.81)
Own		-0.0000 (-0.44)		-0.0007 (-0.60)		0.0001 (0.53)
Mana		0.0118 *** (3.03)		-0.0220 (-0.14)		-0.0350 ** (-1.99)
Lev		-0.0025 ** (-2.05)		0.0419 (0.61)		-0.0021 (-0.20)
Dual		0.0002 (0.53)		0.0335 * (1.74)		0.0013 (0.53)
Compen		0.0021 *** (6.26)		-0.0011 (-0.06)		-0.0057 ** (-2.49)
Roa		0.0132 *** (5.08)		0.0101 (0.08)		0.0068 (0.49)
常数项	0.0220 *** (247.16)	0.0230 ** (2.33)	0.4751 *** (103.79)	-2.3543 *** (-4.75)	0.0221 *** (24.89)	0.0168 (0.16)
Year FE	Yes	Yes	Yes	Yes	Yes	Yes
Firm FE	Yes	Yes	Yes	Yes	Yes	Yes
样本量	19 411	19 411	21 050	21 050	13 338	13 338
$Adj-R^2$	0.7796	0.7966	0.6088	0.6074	0.5679	0.5677

注：***、**、* 分别表示在 1%、5%、10% 的水平上显著，括号内为 t 值。

（二）异质性检验

1. 基于产权异质性的分析

本文预期自贸试验区的建设对国有企业和非国有企业创新活动会存在异质性影响，从企业创新投入角度来看，非国有企业由于产权明晰且有较少的委托代理层级关系及较完善的监督激励机制，资本所有者会追求资本使用效益的最大化，会积极投资于研发，但是非国有企业无论是在债券融资还是股权融资方面都面临严重的“金融歧视”（余明桂等，2016），具有较大的融资约束。而国有企业由于承担着较大的社会责任，且管理者的任用和晋升更多时候倚靠资历，故国有企业的管理者会存在一定的躲避风险的倾向，创新积极性不高。因此，本文预期自贸试验区的建设能够显著地提高非国有企业的研发投入强度，而对国有企业的影响不大。为此，本文进行分样本检验。如表5中第（1）、（2）列结果所示，自贸试验区的建设能够显著促进非国有企业的研发投入强度，而对国有企业的影响则不显著。

从企业创新产出和创新效率角度来看，在进行研发资金的前期投入后，即使没有自贸试验区的建设，非国有企业也会在利益的驱使下始终追求高效率、高产出的研发活动，而国有企业由于其研发活动存在政府引导研发投资相关的特征，使得其研发活动通常呈现出普及但强度不大的情况（成力为、戴小勇，2012）。故本文预期自贸试验区的建设能够显著地提升国有企业的创新产出和创新效率，而对非国有企业的创新产出水平和创新效率影响不大，并进行分样本的实证检验。如表5中第（3）~（6）列结果所示，自贸试验区建设对国有企业的发明专利申请数和创新效率均在5%的水平上显著正相关，即自贸试验区建设能够显著提升国有企业的发明专利申请数量和创新效率，而对非国有企业的发明专利申请数和创新效率影响不显著。

表5　　分产权模型回归结果

变量	$R\&D_1$		$Patent_1$		IE_1	
	(1) 国有企业	(2) 非国有企业	(3) 国有企业	(4) 非国有企业	(5) 国有企业	(6) 非国有企业
FTZ	0.0001 (0.26)	0.0009** (2.24)	0.0854** (2.21)	0.0086 (0.28)	0.0098** (2.10)	0.0023 (0.87)
Controls	Yes	Yes	Yes	Yes	Yes	Yes
Year FE	Yes	Yes	Yes	Yes	Yes	Yes
Firm FE	Yes	Yes	Yes	Yes	Yes	Yes

续表

变量	$R\&D_1$		$Patent_1$		IE_1	
	(1) 国有企业	(2) 非国有企业	(3) 国有企业	(4) 非国有企业	(5) 国有企业	(6) 非国有企业
样本量	6 336	13 024	8 381	12 624	3 891	9 412
Adj - R^2	0.8319	0.7848	0.6425	0.5731	0.6270	0.5220

注：***、**、*分别表示在1%、5%、10%的水平上显著，括号内为t值。

2. 基于行业的异质性分析

由于高新技术企业的认定需要拥有高新技术成果的企业主动申请认证，因此本文认为成功通过高新技术认定的企业具有技术创新基础好、政策关注度高的特点。自贸试验区的建设对高新技术企业的影响可能会存在两种可能：一种是因为高新技术企业的核心就是研发和创新，其本身具有的行业特征使得企业创新活动较非高新技术行业更频繁，影响企业创新的行业层面和企业层面的因素较多（姚立杰、周颖，2018），因而自贸试验区的建设对高新技术企业创新的影响不大；另一种是因为高新技术企业由于自身对创新活动的需求更大，对政策的关注度会更高，对自贸试验区建设中出台的关于创新相关的政策会更敏感，因而自贸试验区的建设对其创新的影响更显著。为此，本文进行了分样本检验。

表6汇报了分样本回归结果，如表6中第（1）、（3）、（5）列结果所示，自贸试验区的建设与高新企业的研发投入强度、发明专利申请数和创新效率均在5%的显著性水平上正相关，即自贸试验区的建设能够显著促进高新技术企业的投入、产出水平和创新效率，而自贸试验区的建设对非高新技术企业的创新活动影响则不显著。

表6　分行业模型回归结果

变量	$R\&D_1$		$Patent_1$		IE_1	
	(1) 高新技术企业	(2) 非高新技术企业	(3) 高新技术企业	(4) 非高新技术企业	(5) 高新技术企业	(6) 非高新技术企业
FTZ	0.0006* (1.81)	0.0008 (1.14)	0.0801** (2.52)	-0.0288 (-0.87)	0.0053*** (2.58)	0.0093 (0.74)
controls	Yes	Yes	Yes	Yes	Yes	Yes
Year FE	Yes	Yes	Yes	Yes	Yes	Yes
Firm FE	Yes	Yes	Yes	Yes	Yes	Yes

续表

变量	$R\&D_1$		$Patent_1$		IE_1	
	(1) 高新技术企业	(2) 非高新技术企业	(3) 高新技术企业	(4) 非高新技术企业	(5) 高新技术企业	(6) 非高新技术企业
样本量	16 726	2 343	15 222	5 454	11 856	1 265
$Adj-R^2$	0.7859	0.8039	0.6119	0.5417	0.5625	0.6402

注：***、**、*分别表示在1%、5%、10%的水平上显著，括号内为t值。

3. 基于企业生命周期的异质性分析

企业发展具备完整的生命周期，处于不同生命周期阶段的企业具有不同的特点，因此，本文欲探索自贸试验区的建设对处于不同生命周期阶段的企业的异质性影响。划分生命周期阶段的方式有很多，但现金流量模式法既能够规避行业固有差异的干扰，也能够避免对生命周期的样本分布进行主观假设，具有较强的可操作性和客观性，因此，本文参照迪金森（Dickinson，2012）的研究将企业的生命周期分为成长期、成熟期和衰退期。初建立的成长期企业为了快速占领市场，对创新具有更高的积极性，但是由于其成立年限短、商誉不足、员工较少等原因会面临更为严重的融资约束和人力资本约束，而自贸试验区的建设一方面通过金融改革大大优化了当地的金融服务，另一方面通过优异的人才政策为区内新成立企业吸引了更多人才，自贸试验区的建设为成长期企业提供了更为便利的融资渠道、更为充足的人才要素，因此本文预期自贸试验区建设能够提升成长期企业的创新投入、产出水平和创新效率；成熟期企业正处于发展的黄金时期，此时的企业现金流充沛、经营模式成熟、创新活动模式固定，因此本文预期成熟期企业会利用自贸试验区建设提供的优异融资渠道进一步扩大其创新投入，而由于其创新模式固定等因素，自贸试验区建设可能对企业创新产出水平和创新效率影响不确定；衰退期企业由于已经濒临生命周期的最后，因此对创新高度不敏感，故本文预期自贸试验区建设对衰退期企业创新影响不大。

表7汇报了分样本回归结果，如表7第（1）、（4）、（7）列结果所示，自贸试验区建设与成长期企业研发投入强度、发明专利申请数和创新效率的系数分别在10%、5%、5%的统计性水平上显著正相关，即自贸试验区的建设能够显著提高成长期企业的研发投入强度、发明专利申请数和企业创新效率。如表7第（2）、（5）、（8）列结果所示，自贸试验区建设能够显著地提升成熟期企业的研发投入强度，但是正如我们所预测的，自贸试验区的建设对成熟期企业的创新产出和创新效率影响并不显著。表7中第（3）、（6）、（9）列结果则表明自贸试验区建设对衰退期企业的创新活动影响不显著。

表 7　分阶段模型回归结果

变量	$R\&D_1$			$Patent_2$			IE_1		
	(1) 成长期	(2) 成熟期	(3) 衰退期	(4) 成长期	(5) 成熟期	(6) 衰退期	(7) 成长期	(8) 成熟期	(9) 衰退期
FTZ	0.001* (1.76)	0.001* (1.90)	0.000 (0.29)	0.084** (2.21)	0.047 (1.13)	0.045 (0.91)	0.007** (2.06)	0.007 (1.58)	0.002 (0.53)
controls	Yes	Yes	Yes	Yes	Yes	Yes	Yes	Yes	Yes
Year FE	Yes	Yes	Yes	Yes	Yes	Yes	Yes	Yes	Yes
Firm FE	Yes	Yes	Yes	Yes	Yes	Yes	Yes	Yes	Yes
样本量	8 799	6 001	2 480	9 504	6 405	2 919	5 633	3 681	1 620
$Adj-R^2$	0.7926	0.8240	0.7812	0.6090	0.6117	0.6250	0.5829	0.6409	0.6321

注：***、**、*分别表示在1%、5%、10%的水平上显著，括号内为t值。

（三）机制分析

1. 自贸试验区建设、融资约束与企业创新投入

企业创新包括投入、研发、产出三个环节，其中企业创新投入环节极大地受制于企业的融资约束程度，通过理论分析，我们认为自贸试验区建设对金融领域进行的一系列改革，有利于优化区内金融环境、提升金融为实体经济的服务能力，从而缓解区内企业融资约束。本文拟采用SA指数作为融资约束的代理变量，参照哈德洛克和皮尔斯（Hadlock & Pierce，2010）的构建方法，SA指数具体构建模型如式（5）所示：

$$SA = (-0.737 \times SIZE) + (-0.43 \times SIZE^2) - (0.040 \times AGE) \quad (5)$$

其中，SIZE为企业总资产（单位为百万元）规模的自然对数，AGE为观测年份减企业成立时间。SA指数为负且绝对值越大，说明企业受到的融资约束程度越严重（鞠晓生等，2013），即SA指数为负值，不考虑绝对值，SA越大，融资约束越小。

采用中介效应三步法检验自贸试验区的建设是否能够通过缓解融资约束来提高区内企业研发投入强度。首先，建立自贸试验区建设对SA指数影响的回归模型，表8列（2）显示FTZ与SA指数的回归系数在10%的统计性水平上显著为正，说明自贸试验区的建设显著地缓解了区内企业的融资约束。其次，在模型1的基础上加入中介变量SA指数再进行回归，同时考察自贸试验区建设与SA指数对企业研发投入强度的影响。表8第（3）列显示：中介变量SA指数与企业研发投入强度呈现显著正相关关系，加入中介变量SA指数后，自贸试验区的建设FTZ与企业研发投入强度仍然呈现显著正相关的

关系，但回归系数较加入 SA 指数之前略有降低，说明融资约束 SA 指数是自贸试验区建设影响企业研发投入强度的不完全中介。最后，再进行 Sobel 检验，实证结果通过了 Sobel 检验。因此，本文认为自贸试验区建设能够通过缓解企业融资约束来提高企业研发投入强度。

表 8　　基于融资约束的中介效应检验

变量	(1) $R\&D_1$	(2) SA 指数	(3) $R\&D_1$
FTZ	0.0006** (1.97)	0.0037* (1.91)	0.0006* (1.91)
SA 指数			0.0065** (1.97)
controls	Yes	Yes	Yes
Year FE	Yes	Yes	Yes
Firm FE	Yes	Yes	Yes
样本量	19 411	24 259	19 411
Adj - R^2	0.7966	0.9662	0.7968

注：***、**、*分别表示在 1%、5%、10% 的水平上显著，括号内为 t 值。

2. 自贸试验区建设、知识产权与企业创新产出

知识产权是影响企业创新积极性的重要因素，传统理论认为，知识产权司法保护较弱时，创新经常被竞争对手模仿，致使私有回报低于社会回报，弱化了创新激励效用（Ang and Cheng et al.，2014）。而自贸试验区在建设过程中高度关注知识产权的保护与发展，积极推动知识产权市场化、提高知识产权的司法保护水平，使得区域知识产权水平得以提高。本文中我们使用樊纲的市场化指数中的知识产权水平分指数作为知识产权的代理变量，仍然采用中介效应模型三步法来检验自贸试验区建设是否能够通过提高当地知识产权保护水平来提高企业发明专利申请数量。表 9 第（2）列回归结果显示自贸试验区建设 FTZ_1 与知识产权在 10% 的水平上呈显著正相关，表明自贸试验区的建设提升了区域知识产权发展水平。其次，在模型 2 的基础上加入中介变量知识产权建立模型，同时考察自贸试验区建设与中介变量知识产权对发明专利申请数的影响，表 9 第（3）列回归结果显示：中介变量知识产权与发明专利申请数呈显著正相关，在加入中介变量知识产权后，FTZ_1 的系数有所下降，说明知识产权是自贸试验区建设对发明专利申请数产生影响的不完全中介。

表 9　　基于知识产权的中介效应检验

变量	(1) $Patent_1$	(2) 知识产权	(3) $Patent_1$
FTZ_1	0.0457 * (1.86)	0.4347 * (1.91)	0.0409 * (1.68)
知识产权			0.00209 ** (1.38)
controls	Yes	Yes	Yes
Year FE	Yes	Yes	Yes
Firm FE	Yes	Yes	Yes
样本量	21 050	24 247	21 050
$Adj-R^2$	0.6074	0.7905	0.6074

注：***、**、* 分别表示在 1%、5%、10% 的水平上显著，括号内为 t 值。

（四）稳健性检验

为检验本文结果的稳健性，本文从以下四个方面进行了稳健性检验。①

1. 替换被解释变量

本文采用折算后的研发投入金额对数（$R\&D_2$）作为创新投入的替代被解释变量；采用非发明专利申请数量（$Patent_3$）作为创新产出的替代被解释变量；采用以研发人员数量、研发支出经费为投入要素，以专利申请总数、营业总收入为产出要素测算的企业创新效率（IE_2）作为创新效率的替代被解释变量来验证自贸试验区建设对企业创新的影响。其中对研发投入金额进行折算时，参考朱平芳的处理，本文以 2009 年为基期，按照 45% 和 55% 的权重对固定资产投资价格指数和居民消费价格指数进行加权平均，构建研发支出价格指数，然后利用研发支出价格指数对研发投入金额进行平减，得到平减后的研发投入金额，然后进行取对数处理（朱平芳和徐伟民，2003）。回归结果显示 FTZ_1 与 $R\&D_2$、$Patent_2$ 以及 IE_2 的回归系数均显著为正，本文结果稳健。

2. 安慰剂检验

本文将自贸试验区设立的时间分别向前平推 3 年执行安慰剂检验，即假定自贸试验区开始建设的时间分别为 2010 年、2012 年、2014 年、2015 年、2016 年和 2017 年，其余设定与主回归一致。若回归结果仍然显著，则存在

① 鉴于篇幅限制，本部分回归结果不列示于文章中，如有需要，可向作者索要。

安慰剂效应，即无论是否建设自贸试验区，该时段该地区的企业创新投入、产出水平和创新效率都会得到显著提升；若回归结果不显著，则不存在安慰剂效应。回归结果不显著，即表明确实是自贸试验区建设对企业创新活动起到了推动作用，而不是安慰剂效果。

3. 增加宏观控制变量

由于本文前部分的控制变量均为微观企业层面的控制变量，考虑到宏观环境可能会对企业创新产生影响，因此本部分加入知识产权保护水平、人力资源供应水平和金融发展水平三个宏观层面的控制变量，再进行回归，其余设定与主回归一致。知识产权保护水平、人力资源供应水平和金融发展水平分别使用樊纲的市场化指数中的知识产权保护、人力资源供应条件和金融业的市场化分指数作为代理变量，再次进行回归，加入宏观控制变量后回归结果保持不变。

4. 倾向得分匹配分析

将模型中的控制变量全部作为协变量，使用半径匹配方式将样本逐一匹配，并利用匹配后的样本重新进行回归。回归结果显示自贸试验区建设（FTZ_1）与研发投入强度（$R\&D_1$）、发明专利申请数量（$Patent_1$）以及企业创新效率（IE_1）的估计系数均显著为正，表明本文结果稳健。

五、结论与启示

本文以2009～2021年的全部A股上市公司为初始研究样本，实证检验了自贸试验区建设对企业创新活动的影响及其作用机制，发现自贸试验区建设能够显著提升企业创新投入、产出水平和创新效率，此结论在经过安慰剂检验、倾向得分匹配分析等一系列稳健性检验后仍然成立，且自贸试验区建设通过缓解融资约束和提高区域知识产权发展水平分别提高了企业研发强度和发明专利申请数量。本文还进一步讨论了自贸试验区建设对不同产权性质、不同行业、不同生命周期阶段企业创新活动的异质性影响，结果表明：自贸试验区建设能够显著提升非国有企业的创新投入水平和国有企业的创新产出水平和创新效率；自贸试验区建设对高新技术企业和成长期企业的创新投入、产出水平和创新效率均具有显著的正向影响。

基于以上研究结论，本文具有如下启示：第一，自贸试验区的建设能够对区内企业创新活动产生显著正向影响，有利于推动经济发展模式从粗放式向创新式转变，因此，进一步深化自贸试验区制度创新、完善自贸试验区整体布局至关重要。第二，创新活动最重要的是增加创新产出、提高创新效率，而自贸试验区建设对非国有企业和非高新技术企业的创新产出水平和创新效率影响不大，因此，在未来的自贸试验区建设中，应统筹考虑不同产权性质和不同行业企业的特点，兼顾不同性质的企业，适当增大对非国有企业和非高新技术企业的补助。第三，成熟期是企业发展的黄金时期，此时企业的影响力达到顶峰，一方面，自贸试验区建设过程中可以配备专业人员对政策进行深入解读、广泛宣传，另一方面，成熟期企业管理层也应该思考如何最大化利用自贸试验区的政策来提高企业创新产出水平和创新效率。第四，自贸试验区的金融领域改革和知识产权改革取得突出进展，应在全国范围内大力推广自贸试验区成功试点经验，全面提升我国金融服务实体能力和知识产权发展水平。

参考文献

1. 曹翔，马莉，余升国．自由贸易试验区的外资吸引效应——来自微观企业的证据［J］．国际商务（对外经济贸易大学学报），2021（5）．

2. 方云龙，刘佳鑫．自由贸易试验区设立能促进企业创新吗？——来自创业板上市公司的经验证据［J］．国际金融研究，2021（9）．

3. 黎文靖，彭远怀，谭有超．知识产权司法保护与企业创新——兼论中国企业创新结构的变迁［J］．经济研究，2021（56）．

4. 刘波，李志生，王泓力．现金流不确定性与企业创新［J］．经济研究，2017（52）．

5. 施建军，栗晓云．政府补助与企业创新能力：一个新的实证发现［J］．经济管理，2021（43）．

6. 谭建华，严丽娜．自由贸易试验区设立与企业技术创新［J］．中南财经政法大学学报，2020（2）．

7. 田梓青，李胜楠，杜洋洋．制造业金融化与企业创新——基于宏观经济政策不确定性与产权性质视角［J］．宏观经济研究，2020（3）．

8. 王华，韦欣彤，曹青子．“营改增”与企业创新效率——来自准自然实验的证据［J］．会计研究，2020（10）．

9. 徐洁香，雷颖飞，邢孝兵．自由贸易试验区的创新质量效应研究［J］．国际商务（对外经济贸易大学学报），2020（4）．

10. 姚立杰，周颖．管理层能力、创新水平与创新效率［J］．会计研究，2018（6）．

11. Hsu PO，Tian X，Xu Y. Financial development and innovation：Cross-country evidence［J］. Journal of Financial Economics，2014，112（1）：116－135.

12. Shen W，Vanhullebusch M. Where is the alchemy：the experiment of the Shanghai free trade zone in freeing the foreign investment regime in China［J］. European Business Organization Law Review，2015，2（16）：321－352.

The Impact of the Construction of Pilot Free Trade Zones on Enterprise Innovation

Gu Zusha　Tian Airui

[**Abstract**] Based on the data of all A-share listed companies in China from 2009 to 2021, this paper used the multi-time point double difference in difference method to test the impact of the construction of the Pilot Free Trade Zone on enterprise innovation activities. It shows that the construction of the PFTZ can significantly improve the input level, output level and efficiency of enterprise innovation. The conclusion is still valid after a series of robustness tests. Further research shows that the construction of the PFTZ has improved the input level and output level of enterprise innovation by easing financing constraints and improving the development level of regional intellectual property rights. In addition, the study also finds that the role of the construction of the PFTZ in improving the innovation input level of enterprises is mainly reflected in non-state-owned enterprises, high-tech enterprises, growing enterprises and mature enterprises, and the role in promoting the innovation output level and innovation efficiency of enterprises is mainly reflected in state-owned enterprises, non-high-tech enterprises and growing enterprises. This study enriches the literature on the micro impact of the construction of the pilot free trade zone and the related research on the influencing factors of enterprise innovation.

[**Key Words**] Pilot Free Trade Zone　enterprise innovation　innovation efficiency　financial constraint　intellectual property

JEL Classifications: F15

自贸试验区领域研究热点与前沿探讨

——基于 CiteSpace 的知识图谱和战略坐标分析

刘　文　程海文*

【摘　要】自 2013 年我国首个自贸试验区成立以来，自贸试验区已经成为政界、学界和业界讨论的焦点之一。本文运用 CiteSpace 文献可视化分析软件，以 2013 ~2022 年自贸试验区领域的国内核心期刊文献作为研究对象，总结自贸试验区研究的演进特征与热点趋势。研究发现：我国自贸试验区的研究议题主要集中在全国自贸试验区总体研究以及上海、福建、海南等高频次自贸试验区和自贸港，制度创新，负面清单，"一带一路"等方面；先后经历了起步探索、活跃发展和叠加拓展阶段，研究议题政策导向性显著，研究内容从自贸试验区功能探索演进为与国家"一带一路""高质量发展"等战略的叠加效应、溢出效应等多维效果评价；但研究内容仍滞后于实践，近年来研究成果减少，与新理念相结合的研究不多。在新发展阶段，为实现更高水平开放，自贸试验区研究应彰显制度型开放的时代内涵与政策效能，多维度思考，加强前瞻性、战略性研究，及时回应时代关切。

【关键词】自贸试验区　文献计量　战略坐标　聚类分析　CiteSpace

一、引　言

随着市场范围的扩大和生产力的发展，社会分工超越国界，自由贸易园

* 刘文，山东大学商学院教授、博士生导师，通信地址：山东省威海市山东大学威海校区文化西路 180 号，邮政编码：264209，电子信箱：jnliouwen@163.com。程海文，山东大学商学院博士生，通信地址：山东省威海市山东大学威海校区文化西路 180 号，邮政编码：264209，电子信箱：cheng231208@163.com。本文受"RCEP 对亚太区域价值链重构的影响机制及应对策略研究"（项目编号：22&ZD177）、"RCEP 对亚太区域价值链重构的影响机制及山东企业应对研究"（项目编号：22BJJ01）的资助。

区则成为各国（地区）主动参与国际分工的重要窗口。然而，各国对这一概念的称呼并不相同，在中国的实践即是“自由贸易试验区”，与自由贸易港区一样属于FTZ。自由贸易试验区（以下简称“自贸试验区”）是我国在境内设立的特殊经济区域，主要目的是以制度创新为核心，在加快商品、服务、人才、资本、信息自由流动等方面先行先试，为全面深化改革和扩大开放探索新途径、积累新经验。

自2013年我国首个自贸试验区——中国（上海）自由贸易试验区成立，到2023年共有22家自贸试验区获批建设，由国务院前后七次批准设立，形成了“1+3+7+1+6+3”的自贸试验区格局，包括：第一批（2013年9月29日）上海自由贸易试验区；第二批（2015年4月21日）天津、福建、广东、上海（新增片区）自贸试验区；第三批（2017年4月1日）辽宁、浙江、湖北、河南、重庆、四川、陕西自贸试验区；第四批（2018年10月16日）海南自贸试验区；第五批（2019年7月27日）上海自贸试验区临港新片区（扩围）；第六批（2019年8月26日）山东、江苏、广西、河北、云南、黑龙江自贸试验区；第七批（2020年9月21日）北京、湖南、安徽、浙江（扩展区域）自贸试验区。

自贸试验区作为我国改革开放的“排头兵”和“试验田”，自2023年第一个自贸试验区设立以来推出了一大批高水平的制度创新成果，为高质量发展作出了重要贡献，成为政界、学界和业界讨论的重点课题。面对全球区域经济加速调整，我国实施自贸区提升战略，自贸试验区建设则成为其中的关键环节。鉴于此，本文运用CiteSpace软件进行文献挖掘，通过文献计量方法揭示出自贸试验区研究的现状和特征，总结出自贸试验区研究领域的主要机构、高被引文献、高产作者等信息；并分时段解读计量结果，展示出研究热点和新兴前沿变化情况和发展趋势，为国内外探索自贸试验区的功能演变和发展方向提供参考。

二、数据库的选择和数据统计

由于自贸试验区是具有中国特色的国家战略，外文文献较少，且多为中国作者，而CNKI中的文献质量良莠不齐。因此，为更好地利用优质文献，把握自贸试验区领域的前沿动态，本文选取CSSCI数据库作为文献来源，在高级检索内设置“自由贸易试验区”“自贸试验区”“自贸区”“FTZ”“自由贸易园区”等关键词和篇名（词），时间跨度为2013～2022年，文献共计717条。

值得注意的是，通常所说的“自贸区”，实际是自由贸易区（Free Trade

Area，FTA）① 或自由贸易园区（Free Trade Zone，FTZ）的简称，因 FTA 和 FTZ 按其字面意思均可译为“自由贸易区”，常常引起概念混淆。②③ 但是两者有较大区别，自由贸易园区与 FTA 的建设均致力于关税减免及消除贸易壁垒，但前者指在某一国家或地区境内设立的实行优惠税收和特殊监管政策的小块特定区域，在应用范围上小于后者。因此，本文在对数据进行标准化时，去除只关于 FTA 的文献，最终获得有效数据 568 条，更新时间为 2023 年 7 月 20 日。

本文选用 CiteSpace 6. 1. R6（Advanced）软件作为文献计量软件，借助该软件通过可视化手段呈现自贸试验区领域知识的研究现状，得到共被引分布、关键词共现等知识图谱，并计算各关键词聚类的新颖度和关注度绘制战略坐标图。

三、我国自贸试验区的研究现状

（一）我国自贸试验区研究领域的发文情况

通过在 CSSCI 数据库中检索自贸试验区相关文献并进行统计分析，本文绘制了自贸试验区主题的发文量总体趋势图，具体如图 1 所示。

2013 年 9 月，国务院下达了《关于印发中国（上海）自由贸易试验区总体方案的通知》，中国（上海）自由贸易试验区正式成立，自此学术界出现了一个新名词——自贸试验区。在自贸试验区成立的前三年，发文量快速增长，后进入较为平稳的波动期。这也意味着，在上海自贸试验区“先试先行”之后，开放新高地“多点开花”，为中国经济高质量发展及世界经济复苏注入正能量，自贸试验区成为学术研究中的持续性议题。

① 自由贸易协定（Free Trade Agreement）是指“建立 FTA 的同时，成员国（地区）签订的消除贸易壁垒，促进生产要素自由流动，实现贸易自由化及区域经济一体化的区域性贸易安排。自贸协定通常涵盖农产品、非农产品贸易、服务贸易等一般领域，以及劳工标准、知识产权等新领域，具体条款由成员国经过协商达成一致。”

② 《海关总署关于规范“FTA”表述的函》，中国商务部，2008 年 5 月 9 日，http：//www.mofcom. gov. cn/article/b/g/200806/20080605579008. shtml.

③ 值得注意的是，在许多情况下，自由贸易园区也常常被简称为自贸区，但是二者有较大区别，应注意区分，避免混淆。自由贸易园区与 FTA 的建设均致力于关税减免及消除贸易壁垒，但前者指在某一国家或地区境内设立的实行优惠税收和特殊监管政策的小块特定区域，在应用范围上小于后者。

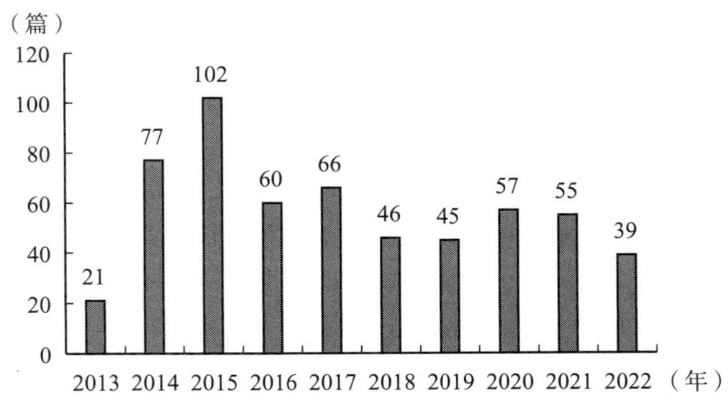

图1　CSSCI 收录（2013～2022 年）自贸试验区文献数一览

（二）我国自贸试验区研究领域的作者与机构网络共现

本文通过知识图谱分析对自贸试验区领域的研究作者、机构来源分别绘制共现图，如表 1 和图 2、图 3 所示。

图 2 和图 3 报告了自贸试验区研究领域影响力较强的作者和机构。表 1 则列出了发文量前 12 名的作者及其所在机构。分析发现，目前自贸试验区领域发文量较大、影响范围较广的有上海财经大学、上海社会科学院、对外经济贸易大学、上海对外经贸大学、华东政法大学、厦门大学、海南大学、商务部国际贸易经济合作研究院等机构，且这些机构大多有设立自贸区研究院，如上海对外经贸大学的中国自贸区研究院、上海财经大学自贸区研究院、厦门大学中国自贸区研究院、中山大学自贸区研究院、海南大学中国特色自由贸易港研究院等。与图 2、图 3 相对应，表 1 中发文量较多的作者有一半来自上海的大学和相关研究机构。辨识共现图结果显示，来自相同机构的研究人员之间被引较多，来自不同机构研究人员科研合作次数较少，这表明科研院所与学者应进一步强化科研交流与协作。

表 1　发文量较多的作者及机构

发文量（篇）	作者	机构
7	彭羽	上海社会科学院
6	沈玉良	上海社会科学院
6	方云龙	天津财经大学
5	王冠凤	上海开放大学
5	毛艳华	中山大学
5	黄启才	福州大学

续表

发文量（篇）	作者	机构
4	裴长洪	中国社会科学院
4	苏振东	大连理工大学
4	孙元欣	上海财经大学
4	李光辉	商务部国际贸易经济合作研究院
4	罗素梅	上海财经大学
4	曹翔	海南大学

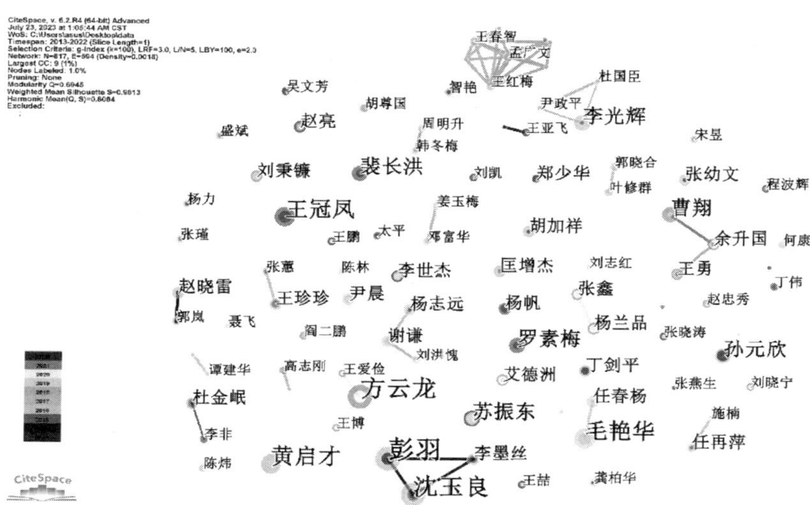

图 2　自贸试验区研究领域主要作者共现图

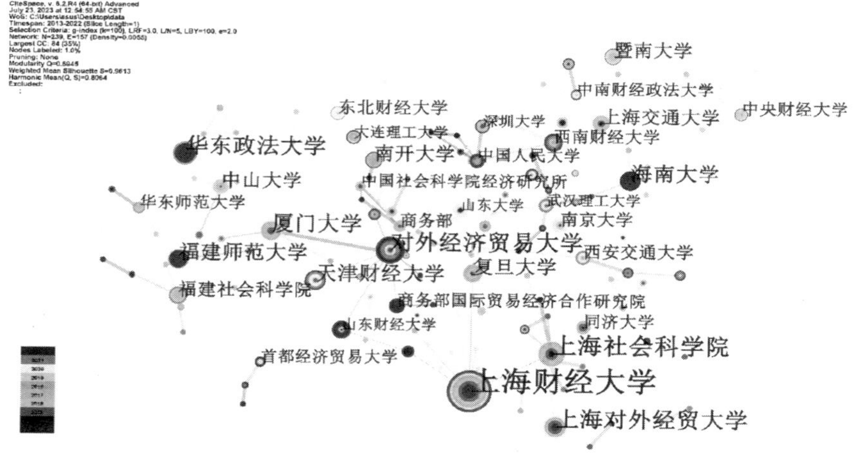

图 3　自贸试验区研究领域主要机构共现图

图4和图5分别为自贸试验区研究的作者共被引和期刊共被引分布图，关于自贸试验区研究的作者和期刊被引状况呈现出三大特点：一是引用知名专家成果较多，但节点之间合作较少。有关自贸试验区的研究内容较多地参考了来自裴长洪教授、刘秉镰教授、盛斌教授、张幼文教授等对外经贸、世界经济、区域经济领域知名专家的研究成果，但彼此之间连接次数较少，说明学者们应强化多学科交叉合作，促进知识交流融合。二是国际贸易问题、经济研究和国际贸易三大期刊共被引量均超过100，体现出自贸试验区领域研究主要在国际贸易范畴，研究成果具有较高的理论水平和较好的推广价值。三是引用外文文献数量相对较多，表明中国自贸试验区与外国自由贸易园区等FTZ概念是国内外研究关注的热点问题，中外FTZ的经验借鉴与扩散有助于自贸试验区的进一步改革创新。

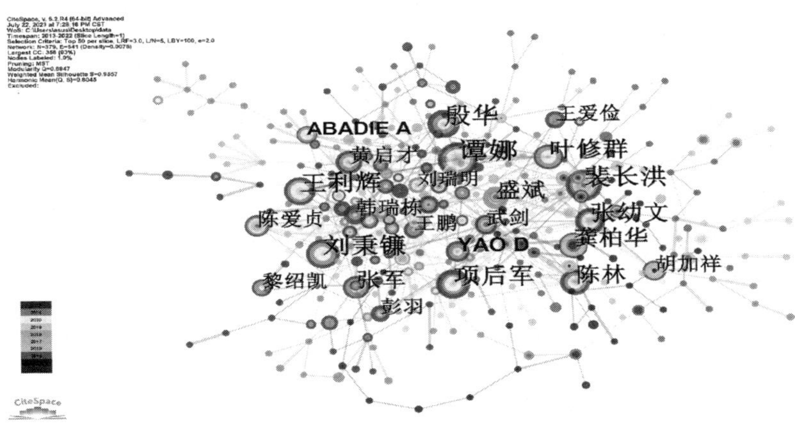

图4　自贸试验区研究作者共被引分布图

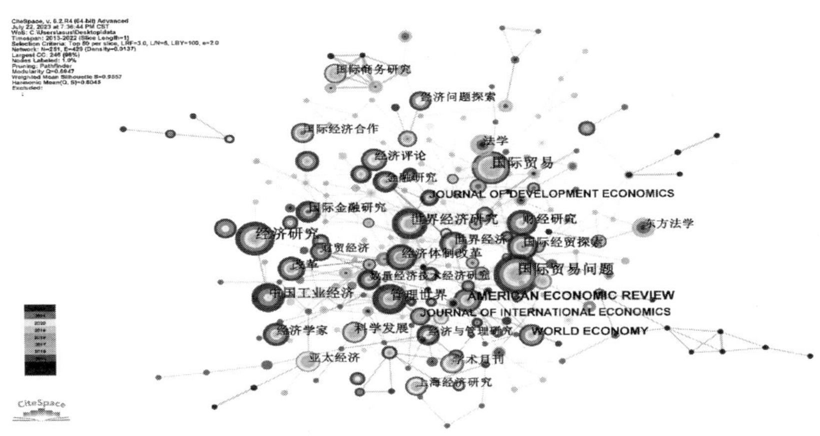

图5　自贸试验区研究期刊共被引分布图

为进一步梳理我国自贸试验区研究现状，本文归纳整理了我国自贸试验区研究领域被引次数最多的20篇论文数据，详见表2。

表2　自贸试验区领域排名前二十位共被引文献情况

排序	作者	发表时间（年）	被引次数	篇名	期刊
1	谭娜	2015	63	上海自贸区的经济增长效应研究——基于面板数据下的反事实分析方法	国际贸易问题
2	殷华	2017	43	自由贸易试验区产生了“制度红利”效应吗？——来自上海自贸区的证据	财经研究
3	王利辉	2017	42	上海自贸区对地区经济的影响效应研究	国际贸易问题
4	叶修群	2018	35	自由贸易试验区与经济增长——基于准自然实验的实证研究	经济评论
5	刘秉镰	2018	30	自贸区对区域创新能力的影响效应研究——来自上海自由贸易试验区准实验的证据	经济与管理研究
6	项后军	2016	23	自贸区设立、贸易发展与资本流动——基于上海自贸区的研究	金融研究
7	项后军	2016	22	自贸区的影响与资本流动——以上海为例的自然实验研究	国际贸易问题
8	陈林	2014	20	中国外资准入壁垒的政策效应探究——兼议上海自由贸易区改革的政策红利	经济研究
9	韩瑞栋	2019	19	自由贸易试验区对资本流动的影响效应研究——基于准自然实验的视角	国际金融研究
10	张幼文	2014	18	自贸区试验与开放型经济体制建设	学术月刊
11	陈爱贞	2014	18	自贸区：中国开放型经济“第二季”	学术月刊
12	刘秉镰	2018	18	自贸区对地区经济影响的差异性分析——基于合成控制法的比较研究	国际贸易问题
13	张军	2018	17	自贸区设立能够有效促进经济增长吗？——基于双重差分方法的动态视角研究	经济问题探索
14	黎绍凯	2019	17	自贸区对产业结构升级的政策效应研究——基于上海自由贸易试验区的准自然实验	经济经纬
15	龚柏华	2013	16	中国（上海）自由贸易试验区外资准入“负面清单”模式法律分析	世界贸易组织动态与研究

续表

排序	作者	发表时间（年）	被引次数	篇名	期刊
16	王鹏	2017	15	自由贸易试验区的设立如何影响贸易方式转型——基于广东自由贸易试验区的实证研究	国际贸易问题
17	盛斌	2017	15	中国自由贸易试验区的评估与展望	国际贸易
18	裴长洪	2013	14	全球治理视野的新一轮开放尺度：自上海自由贸易试验区观察	改革
19	王爱俭	2020	13	现代金融服务体系竞争力指标体系构建与评价——兼议天津金融服务体系的完善	现代财经（天津财经大学学报）
20	刘瑞明	2015	12	国家高新区推动了地区经济发展吗？——基于双重差分方法的验证	管理世界

分析表明，在自贸试验区领域被引次数排名前十的文献中，其热点多关注于促进经济增长、制度创新、贸易投资便利化、金融开放创新等内容，强调对政策现状分析以及政策效果的评估。由于上海自贸试验区成立最早，且创新成果最多，自贸试验区建设较为成熟，是自贸试验区研究领域的重点研究对象，相关研究成果较多。

四、我国自贸试验区研究热点的知识图谱绘制

（一）我国自贸试验区研究热点的关键词共现分析

利用 CiteSpace 软件可生成自贸试验区研究领域关键词的中心度、节点信息、和共现图谱等，如表 3、表 4、图 6 所示。

表 3　　自贸试验区共现网络的关键词中心度序列

序号	中心性	关键词
1	0.96	自贸试验区
2	0.84	海南自贸港
3	0.76	路径
4	0.75	创新

续表

序号	中心性	关键词
5	0.73	金融创新
6	0.73	双循环
7	0.72	制度创新
8	0.72	营商环境
9	0.71	法制保障
10	0.68	对外开放

表 4　自贸试验区关键词共现中节点信息

序号	频次	关键词
1	336	自贸试验区
2	111	上海自贸试验区
3	54	制度创新
4	35	负面清单
5	22	福建自贸试验区
6	16	海南自贸港
7	16	一带一路
8	12	金融创新
9	9	产业结构升级
10	9	对外开放

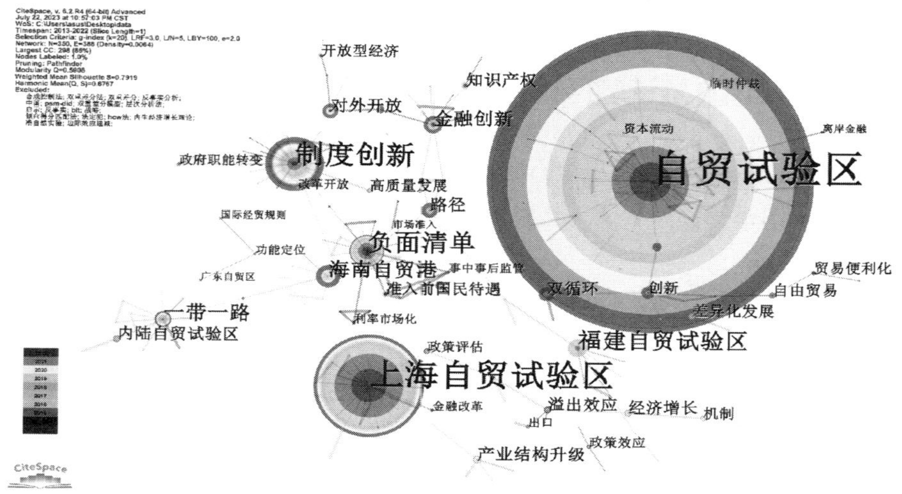

图 6　自贸试验区领域研究高频关键词共现图

作为一种识别概念之间联系的重要手段，关键词共现分析可以帮助发现该领域的研究现状和热点，把握发展趋势和规律（李杰、陈超美，2016）。本文通过在 CiteSpace 中设置“Keyword”分析得出的突变值（Brust），生成自贸试验区领域共现网络的关键词中心度序列（见表3）。中心度指某项关键词在网络图谱中起到的媒介作用，核心主题是不同领域聚类之间的交叉点，频次则表示某关键词出现的次数（沈君等，2011），有助于识别自贸试验区的研究热点。表3中“自贸试验区”“海南自贸港”“路径”和“创新”主题的中心度分别为0.96、0.84、0.76和0.75，表明以上主题在当前自贸试验区研究中有较强影响力。知识网络中关键词节点的度值越大，表明其知识关联程度越高，成为拓扑结构中的 Hub 节点，高 Hub 知识节点则代表着该研究领域的核心内容（罗哲和唐迩丹，2021）。在此基础上进行可视化分析，可生成自贸试验区的关键词共现图（见图6）。

图6中展示了各个关键词在该领域出现的频次高低，频次越高节点越大。如表4所示，在频次较高的关键词列表中，整个共现知识图谱以“自贸试验区”关键词为核心，以“上海自贸试验区”“制度创新”“负面清单”为 Hub 节点，节点之间纤细关系较多，而网络聚类较少，网络密度较低，结构较为分散。

分析发现，“自贸试验区”是核心关键词，上海、福建、海南等自贸试验区和自贸港是学者们研究较多的高频自贸试验区。由于制度型开放已经成为新形势下中国进一步扩大对外开放的战略调整和战略选择，“制度创新”是近年来自贸试验区领域较为活跃的主题，设立自贸试验区是加快中国制度型开放进程，推动构建开放型经济新体制的重要举措（戴翔等，2023）。“负面清单”实施效果作为检验和审视自贸试验区贸易投资便利化自由化的重要抓手，近年来受到社会各界的高度关注（程波辉、雷杨，2022）。“一带一路”倡议作为对外开放的另一战略支点，与自贸试验区相辅相成，如何实现融合发展、发挥叠加效应，也是近年来学术界关注的重点。“金融创新”“产业结构升级”和“对外开放”一直以来都是自贸试验区发挥“试验田”作用的重点领域和长期目标，是自贸试验区研究的热点问题。

（二）我国自贸试验区研究热点的关键词聚类分析

通过对自贸试验区关键词共现知识图谱进行聚类分析，可生成研究主题网络，便于了解该领域的知识聚类情况，探明其基础理论与研究前沿间的映射关系，从而找准自贸试验区研究的热点方向，明晰其演化趋势。

通过 CiteSpace 进行聚类分析，可绘制出如下聚类图（见图7），根据每一聚类的关键词内容，可以得到9个聚类，分别为自由贸易试验区、高频次自贸试验区、投资自由化便利化、金融创新、制度改革创新、一带一路、人才支撑、贸易自由化便利化、经济政策效应和产业升级。说明我国自贸试验区研究既强调自贸试验区整体上发挥的作用，也将根据其功能和区域进行“精细化”“模块化”地分析。

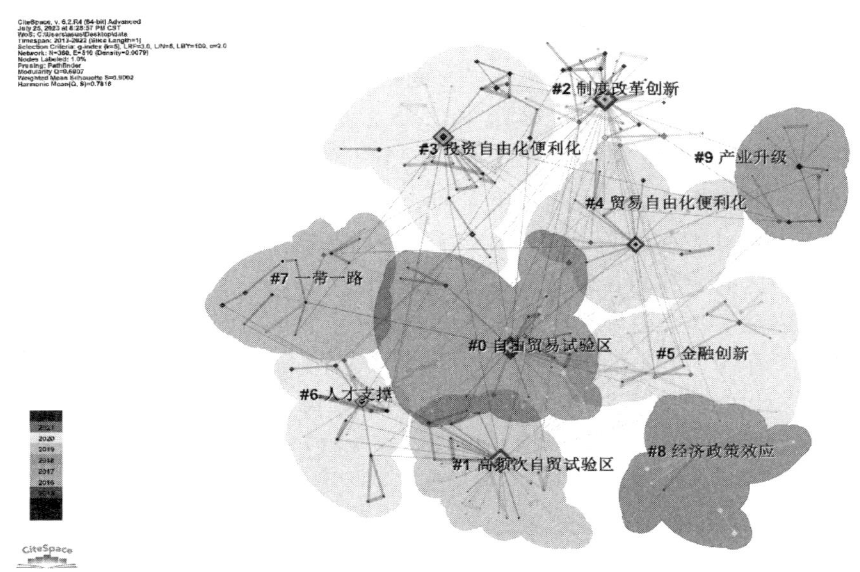

图 7　自贸试验区领域研究关键词聚类图

五、我国自贸试验区研究主题的演化趋势分析

（一）我国自贸试验区研究主题的演化路径分析

通过在 CiteSpace 中选择“Tendency zone”视图进行主题演化序列分析，结合拓扑结构 Hub 节点分布，构建自贸试验区主题演进图谱（见图 8）。

分析发现，自贸试验区领域的知识传输速度和效能呈现快速增长后逐渐趋于平稳的态势。这表明，在自贸试验区概念提出之时，学者们对其研究热情较高，因此该领域各知识体系之间知识传输效能迅速提高，而当热情平复之后，其传递效率随之趋于平稳。从网络中知识节点分布情况来看，2017 年以前自贸试验区、制度改革创新、对外开放、金融创新、一带一路、溢出效应、人才培养、产业链等关键词频次较高；2017 年以后，海南自贸港、产业结构升级、差异化发展、双循环、高质量发展、营商环境、产业集聚、人力

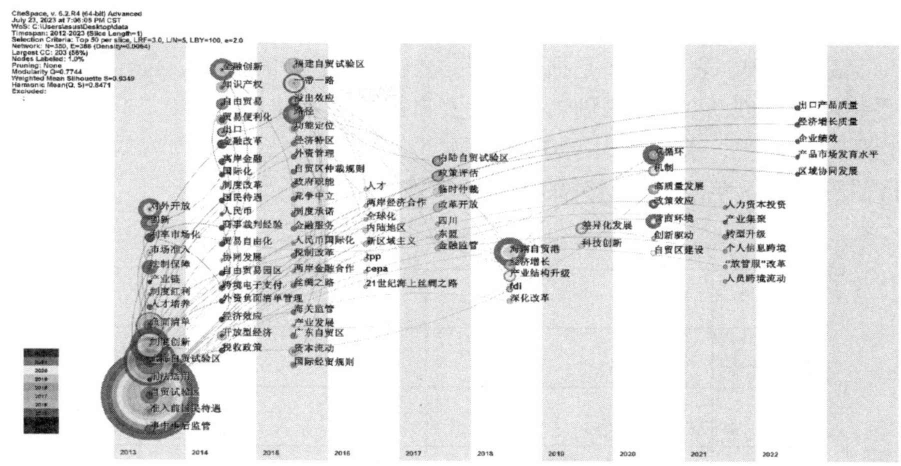

图 8　自贸试验区领域研究关键词时区图

资本投资、出口展品质量、区域协同发展等关键词受到较多关注，且 2017 年之前和之后的主题有交叉，说明自贸试验区、制度创新等主题是受到持续关注的议题，但随着国家政策的推进，自贸试验区布局逐步完善、建设逐渐成熟、探索逐层深入，相关研究也更加深化。例如，对自贸试验区推动出口增长的研究最初从“量”的角度进行分析，深入到“质”的层面（谢申祥等，2022）；自贸试验区与人才培养的关系也发展到与人力资本投资和人员跨境流动等细分领域（唐擎、吴华，2019；江英等，2023）。总体上，学者们对自贸试验区的研究表现出紧跟时事热点的特点，体现出显著的政策导向性和变革渐进性。

（二）自贸试验区研究领域的新颖度和关注度分析

为了更全面地认识自贸试验区领域的研究趋势，本文通过分析子主题的新颖度与关注度，识别主题发展情况，借鉴沈君、刘晓晗（2020）的做法，将 299 个关键词划分为 52 个聚类，并剔除以两个关键词构成的无效聚类，最终结合聚类分析结果得到 9 个有效聚类。在此基础上，将 2017 年作为时间分界点，分别构建 2013 ~ 2017 年和 2018 ~ 2022 年两个时间跨度的新颖度—关注度战略坐标，进一步分析主题的发展态势。

图 9 显示了 2013 ~ 2017 年自贸试验区研究领域主题的新颖度和关注度情况。位于第一象限的“自贸试验区”新颖度和关注度均不小于 0，表明以“自贸试验区”为主题是相对比较成熟的研究内容和方向。位于第二象限的“产业升级”“一带一路”“经济政策效应”等聚类，新颖度大于 0，而关注度小于 0，表明这些主题是当时的研究热点，但关注程度较弱，属于新兴领

域。位于第三象限的“贸易自由化便利化”和“人才支撑”主题，新颖度和关注度都小于0，表示这些是研究较少关注度也不高的领域。位于第四象限的“制度改革创新”“金融创新”“投资自由化便利化”，以及“高频次自贸试验区”等聚类，关注度大于0但新颖度小于0，表示这些内容属于自贸试验区研究领域5年间持续研究的内容，关注程度较高。

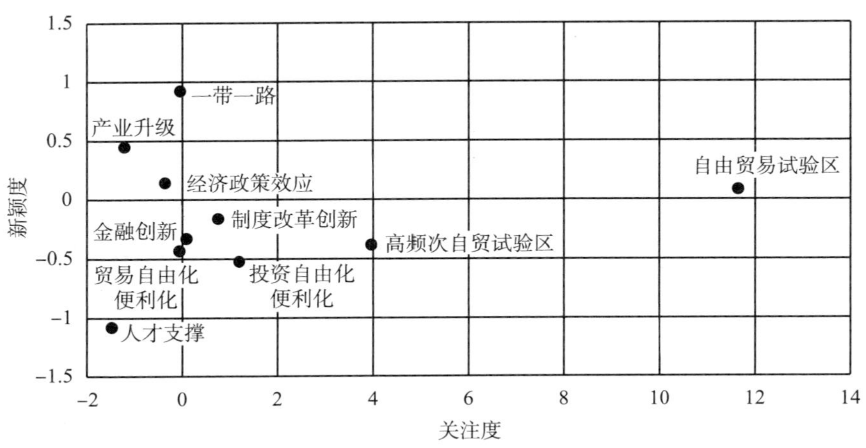

图9　2013～2017年自贸试验区研究领域的战略坐标图

图10则揭示了2018～2022年间自贸试验区领域的研究趋势。位于第二象限的主题包括“贸易自由化便利化”“经济政策效应”和“投资自由化便利化”等主题，“投资自由化便利化”从之前的第四象限变为第二象限，表明其关注度有所下降，但该领域出现了新的热点问题。位于第三象限的主题包括“自贸试验区”“人才支撑”“产业升级”“制度改革创新”“金融创新”等，其中“自贸试验区”从第一象限变为第三象限，说明随着时间的推移，该领域的关注度和新颖度都相对有所下降；“制度改革创新”“金融创新”从第四象限移动到第三象限，说明关注度相对下降，该领域发文总量变少；“产业升级”从第二象限移至第三象限说明新颖度相对下降，近年发文量减少。位于第四象限的聚类包括“高频次自贸试验区”和“一带一路”，后者是从第二象限移动到第四象限，表明关注度相对上升，而新颖度相对下降，说明该主题从最初的新兴研究领域转变为基础性的研究问题。然而，第一象限没有主题，表明自贸试验区研究经过多年的深入挖掘已不再是新颖且热门的话题，该领域研究虽然变成“老问题”，但仍有“新发展”。随着自贸区提升战略的推进，自贸试验区将赋予更高使命，增加更多功能，“旧题新做”是未来自贸试验区研究的关键。

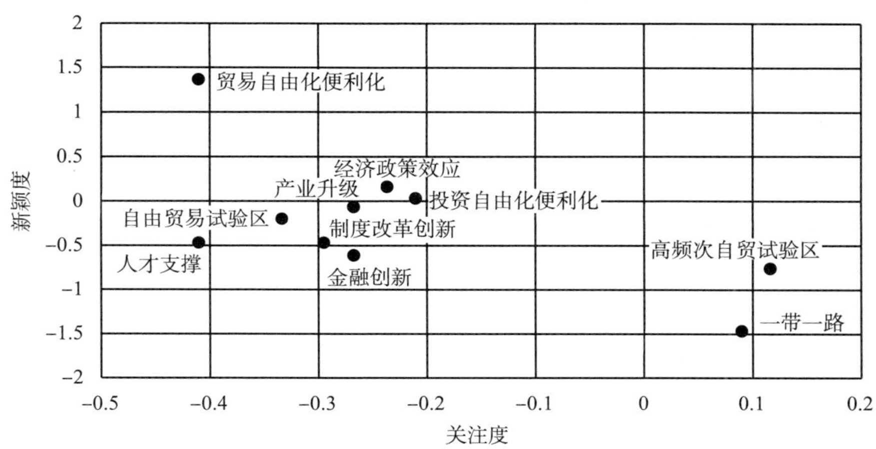

图 10　2018～2022 年自贸试验区研究领域的战略坐标图

六、结　　语

本文利用文献可视化分析软件，以 2013～2022 年自贸试验区领域的国内核心期刊文献作为研究对象，刻画首个自贸试验区设立以来该领域的研究现状、演进轨迹，判断现阶段的研究热点与未来趋势，得出如下结论。

（1）我国自贸试验区的研究议题主要集中在全国自贸试验区总体研究以及上海、福建、海南等高频次自贸试验区，制度创新，负面清单，一带一路，金融创新，产业结构升级，对外开放等方面。其中，“自贸试验区”是撑起共现网络的重要节点，“制度创新”处于共现网络关键位置，为研究方向扩展确立基点。

（2）我国自贸试验区研究先后经历了起步探索、活跃发展和叠加拓展阶段，研究议题大多围绕国家重大战略决策展开，政策导向性显著，研究内容从自贸试验区功能探索演进为与“一带一路”倡议、“高质量发展”等战略的叠加效应、溢出效应等多维效果评价。

（3）“贸易自由化便利化”议题新颖度较高，“高频次自贸试验区”和“一带一路”相关议题关注度较高，这些议题都契合国家政策战略方向，但仍滞后于实践，近年来研究成果减少，与新理念相结合的研究不多。在新发展阶段，为实现更高水平开放，构建“双循环”新发展格局，自贸试验区研究应彰显制度型开放的时代内涵与政策效能，多维度思考，对外与 FTA、境外产业园区等实现对接，对内与地方产业园区、统一大市场等政策发挥联动、叠加效应，加强对自贸试验区的前瞻性、战略性研究，提升相关研究成果推进改革、服务发展的效果，及时回应时代关切。

参考文献

1. 程波辉，雷杨．中国自贸试验区负面清单实施效果评估——基于2013—2021年负面清单版本的内容分析［J］．亚太经济，2022（6）．

2. 戴翔，曾令涵，徐海峰．自贸试验区推动出口稳增长和优化升级了吗——基于制度创新作用的量化评估［J］．国际经贸探索，2023（7）．

3. 江英，隋广军，杨永聪．自贸试验区建设助推产业链供应链韧性提升的机理及路径——以粤港澳大湾区为例［J］．国际贸易，2023（6）．

4. 李杰，陈超美．CiteSpace科技文本挖掘及可视化［M］．北京：首都经济贸易大学出版社，2016．

5. 罗哲，唐迩丹．我国人才政策的演变趋势与发展方向——基于CiteSpace知识图谱分析［J］．软科学，2021（25）．

6. 沈君，刘晓晗．人口迁移与流动的前沿动态分析［J］．劳动经济评论，2020（2）．

7. 沈君，王续琨，陈悦．战略坐标视角下的专利技术主题分析——以第三代移动通信技术为例［J］．情报杂志，2012（11）．

8. 唐擎，吴华．我国自贸试验区人力资源制度创新的方向与举措［J］．国际贸易，2019（3）．

9. 谢申祥，王晖，范鹏飞．自由贸易试验区与企业出口产品质量——基于上海自贸试验区的经验分析［J］．中南财经政法大学学报，2022（2）．

Hot Spot and Frontier Research in the Field of Pilot Free Trade Zone: Knowledge Graph and Strategic Coordinate Analysis Based on CiteSpace

Liu Wen　Cheng Haiwen

[**Abstract**] Since the establishment of China's first free trade pilot zone in 2013, the free trade pilot zone has become one of the focus of discussion in politics, academia and industry. Using CiteSpace literature visualization analysis software, this paper takes domestic core journal literature in the field of pilot free trade zones (FTZ) from 2013 to 2022 as the research object, and summarizes the evolution characteristics and hot trends of pilot free trade zone research. Research findings: The research topics of China's FTZ mainly focus on the overall study of the national FTZ and the high-frequency FTZ and ports in Shanghai, Fujian, Hainan, institutional innovation, negative list, the Belt and Road, etc. After going through the stages of initial exploration, active development and superposition expansion, the research topic has a significant policy-oriented orientation, and the research content has evolved from the function exploration of the pilot free trade zone to the multidimensional effect evaluation of the superposition effect and spillover effect with the "The Belt and Road Initiative" and "high-quality development" strategy. However, the research content still lags behind practice, and the research results have decreased in recent years, and there are not many studies combined with new ideas. In the new development stage, in order to achieve a higher level of opening up, the research on the pilot free trade zone should highlight the connotation of The Times and policy effectiveness of institutional opening, think in multiple dimensions, strengthen forward-looking and strategic research, and respond to the concerns of The Times in a timely manner.

[**Key Words**] Pilot Free Trade Zone　bibliometrics　strategic coordinates　cluster analysis　CiteSpace

JEL Classifications: F15

自贸区对城市全要素生产率的作用评估

——基于中国255个城市的准自然实验

刘 震 高德政*

【摘 要】在国内国际双循环背景下，自由贸易区成为了新一轮改革开放的“试验场”。本文以中国自贸试验区为研究对象，采用多期双重差分模型进行分析，探讨了自贸试验区建设对城市全要素生产率的影响。研究结果显示，在自贸试验区设立后，城市的全要素生产率显著提升，这得益于矫正了资本错配问题以及推动了城市创新能力的增强。此外，进一步的研究还发现，自贸区的设立不仅对其所在城市产生了促进效应，同时也对周边地区和城市的全要素生产率发展有着显著的空间溢出效应。因此，非自贸区设立的城市应该基于自身的要素禀赋条件，创造性地吸收自贸试验区建设过程中的经验和成果，以推动本城市经济的进一步发展。研究结果对于进一步推进自贸试验区建设，提升城市全要素生产率具有重要的政策意义。同时，本研究方法也可为其他地区和领域的相关研究提供借鉴和参考。

【关键词】**自贸试验区 全要素生产率 多期双重差分模型 空间溢出效应**

一、引 言

中国经济由高速发展逐渐转向高质量发展，自由贸易试验区（以下简称

* 刘震，山东大学商学院，山东大学自贸区研究院，助理研究员，山东省威海市环翠区文化西路180号山东大学商学院，邮政编码：264209，电子信箱：80614660@163.com。高德政，山东大学商学院，山东大学自贸区研究院，科研助理。本文受国家社科项目“价值链视角下我国海外园区空间布局对‘一带一路’高质量发展的影响研究（项目编号：20CJL016）”、山东省社会科学基金青年项目“双循环下山东制造业全球产业链稳定性提升策略研究（项目编号：21DJJJ13）”的资助。

自贸区）是中国经济高质量发展、探索新一轮体制改革和制度创新的试验田。在过去几十年里，全球贸易和投资活动不断增加，国际经济关系日益密切。随着全球化的不断深入，各国之间的贸易壁垒和限制日益成为制约经济发展的因素。传统的保护主义政策已经无法适应全球经济一体化的趋势，国际贸易逐渐成为推动经济增长和促进国际竞争力的重要驱动力。自由贸易试验区的建立，旨在通过取消或降低贸易壁垒，提供一个更加开放自由的贸易环境，为企业的国际合作和拓展市场创造有利条件；在全球经济结构调整的背景下，传统产业面临着转型和升级的压力，新兴产业和服务业的发展日益重要。为了适应这一新的经济形势，各国政府开始积极推动自由贸易试验区的建设，以促进经济转型和发展。

中国自贸试验区的建设已经取得了一系列的成就。首先，自贸试验区的数量不断增加，包括上海、山东、湖南等地都设立了自贸试验区，覆盖了东西南北中的不同区域，基本形成了以 21 个自贸区为主骨架的开放格局。其次，自贸试验区在改革开放和创新方面取得了突破性进展。例如，首先实施了采用国民待遇和负面清单管理相结合的外商投资准入制度，这一制度在投资管理方面取得了历史性的变革；同时中国还建立了以国际贸易单一窗口为核心的贸易便利化模式，进一步促进了贸易的便利化；在金融开放方面进行了一系列创新举措，如推出自由贸易账户等。总体来说，中国自贸试验区已经成为推动高水平开放和深化改革的重要平台，对中国经济的发展起到了积极的推动作用。

目前为止，国内研究自贸区发展的文献已经非常丰富。学者们从多个角度对自贸区所取得的成果以及其发展过程中的问题进行了深入而系统性的分析。然而，大多数研究都集中在对单个自贸区的详细剖析上，而关于跨行政区的自贸区协同发展的相关成果尚不多见（杨陈静、刘航，2019）。自贸区的建立通过促进地区的产业升级和提高城市的创新能力，显著地改善了城市的环境（胡艳等，2023）；何杰、唐亮（2023）认为西部自贸区对城市的经济增长效应先增后减，但是总体为正，且存在明显的地域差异性；聂飞（2020）提出自贸区通过增加高技术含量的中间产品的进口可以有效地缓解制造业规模空心化和效率空心化；胡怡啸、廖泽芳（2023）认为自贸区的建立有力地促进了商贸流通产业的发展，这种促进效应具有显著的空间溢出效应，结论对于双循环背景下的农产品流通同样有效（林海英等，2023）；王三兴、石大庆（2023）认为通过贸易效应、投资效应、创新效应，自贸区设立有力地促进了其所在城市高质量发展，但是其空间溢出效应并不明显；但促进作用存在明显的异质性，实施效果上，设立自贸区的沿海省份优于内陆省份（邱冬阳，2022）。

本文利用 2007～2019 年的 247 个地级及以上城市的数据，评估了自贸区建设对城市全要素生产率的影响。在研究方法上，本文考虑到自贸区逐批次建设的客观事实，采用了多期双重差分法作为基准回归。此外，本文还运用空间双重差分模型来研究自贸区建立对周边城市的影响。为确保研究结果的可靠性，本文进行了平行趋势检验和一系列稳健性检验，以应对双重差分法可能存在的问题；对于中介效应，本文从资本错配和城市创新能力对城市全要素生产率的影响做出了实证分析，并从建立批次和城市的等级方面展开了异质性研究。

二、理论机制和研究假设

（一）自贸区能否促进城市全要素生产率的发展

通过准入前国民待遇和负面清单制度，自贸区降低了外商投资的准入门槛，在不断地和更多的跨国公司的交流中，微观企业会不断完善自身，积极学习国外先进经验和技术，进而提高自身的产出效率和产品质量（司春晓等，2021）；罗颉（2023）提出自贸区通过制度创新改变政府职能，提高市场化程度，促进贸易自由化，以更低的成本获得高技术的中间产品及生产设备。

自贸区的设立提高了国内企业的竞争强度，提高了出口产品的质量，促使更多的企业从事高附加值的一般性贸易出口，显著地提高了当地产品的国际竞争力（张潭君，2023）；张阿城、于业芹（2020）认为自贸区的设立吸引了外资企业的入驻并促进了合理的专业分工，高强度的竞争环境倒逼企业通过技术创新获得市场优势；因为自贸区容量有限同时市场竞争强度大，自贸区的低附加值产业逐渐向外转移，周边地区将率先迎来企业迁出的机遇（于佳秋，2020）。周祥军、高宇颖（2020）基于双重差分模型提出自贸试验区通过进行政府改革和制度创新，创造了良好的经营就业环境，有效地推动了城市的技术进步和产业升级。

总而言之，自贸区的设立为城市带来了更好的贸易和投资环境，促进了技术创新和管理经验的转移，提升了产品的国际竞争力和生产效率，这一系列正向影响使得自贸区成为城市经济发展的重要引擎。据此，本文提出下述假设：

H1：自贸区的建设可以推动城市的全要素生产率的提高。

（二）资本错配和城市创新能力的中介作用

提高资本配置效率，降低资本错配，是完善要素市场化配置体制机制的重要议题，资本错配是导致全要素生产率降低的主要因素（韩瑞栋等，2022）；

由于边际技术替代率递减，当资本错配得到改善或矫正后，在其他生产要素的供给量不变的情况下，经济产出也会得到增加（杨豪，2022）；资本错配也是导致城市全要素生产率损失的重要原因。

姬超、李艳丰（2023）通过实证证明了政府干预对资本配置的影响具有明显的门槛效应，当人均 GDP 高于门槛值时，政府干预会使相关企业和机构偏离利润最大化的目标，导致资本错配效应急剧放大；地方政府的债务问题会带来严重的资本错配问题，但对劳动错配的影响并不显著（钟军委，2021）；地方政府过度运用行政权力，违反了市场原则和竞争规则。借助行政手段干预信贷市场，导致资本要素过度向国有企业和“僵尸企业”倾斜，从而降低了资本配置效率（张庆君、李萌，2018）。

自 2013 年第一个上海自贸区，中国就开始了一系列的改革试验，以优惠于现行世界贸易规则的制度和政策，规范和管理市场主体的经济活动，以赋予和激发市场主体更大权限和活力；通过政府让利、放权和改制，实现政府职能的转变（王浦劬，2015）。这些制度改革和创新，加强了市场机制在资本等生产要素市场上的支配作用，有力地提高了资本配置的效率。

孙志超（2023）认为科技是第一生产力，党的二十大指出技术创新已经成为推动中国经济高质量发展的重要动力；城市创新能力的增强促进了资源配置效率的提高，进而促进了城市的高质量发展，并且存在着显著的空间溢出效应（王建康、韩倩，2022）。

叶霖莉（2021）提出自贸区的建立通过贸易便利化、产业集聚等方式，显著地提高了地区创新水平；武力超等（2021）认为自贸区所在城市会出台一系列具有比较优势的政策来吸引人才、技术和资本，进而引致城市创新能力的提高。创新和技术进步是相互依存、相互促进的关系。创新推动技术的发展和进步，而技术的进步为创新提供新的工具和能力。只有通过不断的创新和技术进步，才能为社会带来更多的机遇和发展（岑树田、葛扬，2023）。

H2：自贸区通过改善资本错配促进了城市全要素生产率的增长。

H3：自贸区通过提高城市创新能力加速了城市全要素生产率的增长。

三、计量模型，变量界定与数据说明

（一）计量模型设定

本研究以自由贸易试验区（free trade pilot zone）的建立为准自然实验，运用多期双重差分法（difference-in-difference，DID）模型来评估自贸区设立对城市的全要素生产率（total factor productivity，TFP）的影响。在基本模型设定方面，我们采用了以下设定：

$$TFP_{it} = \alpha_0 + \alpha_1 ftz_{it} + \alpha_2 X_{it} + \lambda_i + \mu_t + \varepsilon_{it} \quad (1)$$

式（1）中，α_0 代表常数项，i 代表城市，t 代表年份。TFP_{it}代表 i 城市 t 年的全要素生产率水平，是本文的被解释变量；ftz_{it}代表 i 城市 t 年自贸区成立，是本文的核心解释变量，其系数 α_2 代表自贸区的设立对城市全要素生产率的影响；X_{it}代表一系列控制变量的合集，以减少遗漏变量对回归的影响；λ_i 代表城市固定效应；μ_t 代表时间固定效应；ε_{it}代表随机扰动项。

本文引入资本错配指数（tk）和创新效应指数（ie）作为中介变量，参考巴龙和肯尼（Baron and Kenny，1986）提出的方法检验资本错配和创新效应指数的中介效应，其回归模型如下：

$$TFP_{it} = c + \alpha_1 ftz_{it} + \alpha_2 X_{it} + \lambda_i + u_t + \varepsilon_{it} \quad (2)$$

$$M_{it} = c + \beta_1 ftz_{it} + \beta_2 X_{it} + \lambda_i + \mu_i + \varepsilon_{it} \quad (3)$$

$$TFP_{it} = c + \omega_1 ftz_{it} + \omega_2 X_{it} + \omega_3 M_{it} + \lambda_i + \mu_t + \varepsilon_{it} \quad (4)$$

其中，M_{it}代表中介变量资本错配指数和创新效应指数。首先，应检验式（2）中的回归系数 α_1 是否显著，如果显著则继续下面的步骤；如果不显著则停止检验。其次，检验式（3）中的回归系数 β_1 和式（4）中的回归系数 ω_1 是否显著，如果均显著的话，则证明 M_{it}存在中介效应。最后，如果回归系数 ω_3 不显著，则说明 M_{it}存在完全的中介效应。

（二）变量说明

1. 被解释变量

参考万兴等（2007）的做法，本文基于 Malmquist 指数法（DEA）模型测算城市全要素生产率（TFP）。计算城市全要素生产率时，选取城市实际 GDP（以 2007 年为基期）为产出指标，资本和劳动力作为投入指标。资本理论上应采用一年的流量，但是数据难以获得，本文参考张军等（2004）的做法，城市固定资本存量利用永续盘存法进行估算，劳动力数量采用各城市年末从业人员数量来代替。

2. 解释变量

自 2013 年中国（上海）自贸区正式挂牌以来，在本文考察期间（2007～2019 年），共涉及 36 个地级及以上城市，然而由于数据截至 2019 年，自贸区发挥作用需要时间，所以本文并未将 2018 年和 2019 年的 15 个地级及以上城市列入实验组。鉴于自贸区是在不同时间多批次建立的，因此本研究中的政策虚拟变量与传统双重差分法设立的政策虚拟变量和时间虚拟变量的交互形式（time × treated）有所不同。本文参考了王亚飞等（2023）的方法，通

过引入虚拟变量 ftz_{it} 来表示自贸区的设立。具体而言，如果一个城市被设立为自贸区，则虚拟变量 $ftz_{it}=1$；否则 $ftz_{it}=0$。

3. 中介变量

资本错配是指在经济运行过程中，资本资源配置不合理，导致产出降低。而理论上，自贸区的建立可以矫正资本错配的现象，因此本文将其作为中介变量。考虑到数据的可获得性，本文参考陈永伟、胡伟民（2011）的方法来计算各个城市的资本错配水平。计算公式为：

$$tk = \frac{1}{\gamma} - 1 \tag{5}$$

式（5）中，tk 为资本错配指数，γ 为资本价格扭曲系数，其具体的计算公式为：

$$\gamma_{ki} = \frac{\left(\frac{k_i}{k}\right)}{\left(\frac{s_i \beta_{ki}}{\beta_k}\right)} \tag{6}$$

在式（6）中，$\frac{k_i}{k}$表示实际使用资本占资本总量的比例。$\frac{s_i \beta_{ki}}{\beta_k}$测度在有效配置时资本理论使用比例。本文基于 C—D 生产函数估算资本产出弹性 β_{ki}。计算过程中，本文产出选取城市实际 GDP（以 2007 年为基期），资本和劳动力作为投入指标：资本本文参考张军等（2004）的做法，利用永续盘存法估算的城市固定资本存量，劳动力采用各城市年末从业人员数量。当 $tk>0$ 时，说明实际使用资本小于理论最有效率使用资本，此时应当加大资本投入；当 $tk<0$ 时，说明实际使用资本大于理论最有效率使用资本，此时应当减少资本投入。

技术进步会带来生产率的额外提升，而创新是技术进步的主要途径，因此本文将城市创新能力作为中介变量。单一的数据指标难以准确地反映一个城市的创新能力，本文采用北京大学大数据研究中心公开发布的中国区域创新创业指数作为城市创新能力的代理指标。该指标包含发明专利授权数目、实用新型专利公开数目、商标授权数目等 7 个二级指标，更能够综合地反映一个城市的创新能力。

4. 控制变量

本文的控制变量选择如下：城市经济发展水平（lue），用各个城市的人均 GDP 表示；城镇化水平（urban），用城镇人口占总人口的比重表示；人力资本水平（hc），用大专以上人口占当地就业人口的比重表示；基础设施水平（inf），用人居道路里程表示；金融效率（fe），用年末金融机构贷款与存款之比表示；人口规模（pps），用各个城市的年末总人口表示。

（三）数据说明

本文的原始数据主要来自《中国城市统计年鉴》《中国区域经济统计年鉴》和北京大学数据开放平台。对于部分缺失值，本文采用了线性插值法进行处理。最终，本文使用了 2007 ~2019 年中国 247 个地级及以上城市的面板数据。变量的描述性统计见表 1。

表 1　主要回归变量的描述性统计

变量	简称	样本数	均值	标准差	最小值	最大值
全要素生产率	TFP	3211	0.375	0.214	0.057	2.9
自贸区建立	ftz	3211	0.024	0.153	0	1
创新效应	ie	3211	3.707	0.806	0.311	4.605
资本错配指数	tk	3211	0.399	0.116	-1.312	3.1
城市经济发展水平	lue	3211	10.462	0.689	4.595	13.056
城镇化水平	urban	3211	0.518	0.157	0.164	1
人力资本水平	hc	3211	4.625	1.142	-0.211	8.57
基础设施水平	inf	3211	2.432	0.578	0.02	4.695
金融效率	fe	3211	1.331	0.132	0.381	1.726
人口规模	pps	3211	5.908	0.679	2.898	8.136

四、实证结果及分析

（一）基准回归结果

本文利用多期双重差分模型，对 2007 ~2019 年的 247 个地级及以上的数据进行了基本回归，结果如表 2 所示，回归（1）中未加入控制变量，但是控制了时间效应和城市效应；回归（2）未控制城市效应；回归（3）未控制时间效应，上述回归本文均未进行聚类。回归（4）添加了控制变量，进行了聚类并控制了城市效应和时间效应。回归（1）~回归（4）中，自贸区设立（ftz）的回归系数均为正且在统计学意义上显著。据此，本文得出结论，自贸区的设立可以有力地推动城市全要素生产率的发展。另外，通过观察控制变量发现，人口规模和金融效率与城市全要素生产率显著负相关。

表 2　　基准回归结果

解释变量	城市全要素生产率（TFP）			
	(1)	(2)	(3)	(4)
ftz	0. 0776 *** (0. 0167)	0. 179 *** (0. 0240)	0. 0734 *** (0. 0166)	0. 0812 * (0. 0473)
lue		0. 0478 *** (0. 00963)	-0. 0144 (0. 00903)	-0. 00178 (0. 00943)
urban		0. 394 *** (0. 0347)	-0. 156 ** (0. 0648)	-0. 0325 (0. 0967)
hc		-0. 0184 *** (0. 00390)	-0. 00243 (0. 00366)	-0. 00183 (0. 00245)
inf		-0. 0498 *** (0. 00710)	-0. 0130 * (0. 00752)	-0. 00968 (0. 00767)
pps		0. 0959 *** (0. 00535)	-0. 0916 ** (0. 0405)	-0. 0698 * (0. 0363)
fe		-0. 0978 *** (0. 0276)	-0. 138 *** (0. 0418)	-0. 156 * (0. 0943)
_cons	0. 373 *** (0. 00210)	-0. 563 *** (0. 0897)	1. 374 *** (0. 234)	1. 061 *** (0. 286)
城市效应	Y	N	Y	Y
时间效应	Y	Y	N	Y
N	3 211	3 211	3 211	3 211
R^2	0. 732	0. 197	0. 730	0. 734

注：括号内为标准差。* 表示 $p<0.1$，** 表示 $p<0.05$，*** 表示 $p<0.01$。

（二）平行趋势检验

本文采用事件分析法进行自贸区的建立对城市全要素生产率的平行趋势检验，具体的公式设定为：

$$TFP_{it} = \alpha_0 + \sum_{k=-4}^{k=4} \alpha_k \times D_{i,t_0+K} + \lambda_t + \mu_i + \varepsilon_{it} \tag{7}$$

在式（7）中，D_{i,t_0+k}中的 i 代表各个城市，t_0 代表自贸区设立的年份，k 代表自贸区设立的具体年份。平行趋势检验中主要关注回归系数 α_k 的变化情况，在自贸区建立之前，即 k 小于 0 时，如果回归系数 α_k 变化线不显著倾斜，则证明在建立自贸区前实验组和对照组没有显著的差异；在自贸区建立之后，即 k 大于 0 时，回归系数 α_k 会有显著的提升，这说明自贸区设立可以推动城市全要素生产率的提高，从而导致实验组和对照组的差异。图 1 展示了回归系数 α_k 的变化情况，实线表示估计的系数变化趋势，虚线表示估计的回归系数 α_k 的 95% 的置信区间。根据结果，在自贸区建立前的 4 年中，系数变化趋势相对平缓，这说明实验组和对照组之间没有显著差异；在自贸区建立后，回归系数 α_k 的值有了显著的提升，在建立第二年时尤为明显。平行趋势结果说明自贸区设立推动城市全要素生产率的进步需要 1 ~2 年的时间。

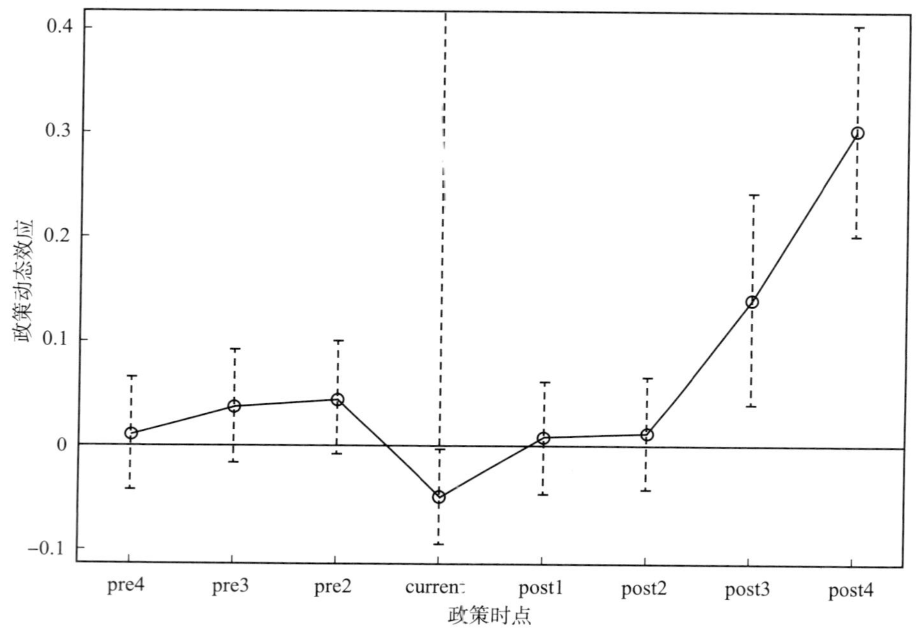

图 1　平行趋势检验

（三）稳健性检验

1. 安慰剂检验

在双重差分法中，可能会有部分不可观测因素影响自贸区设立（ftz）对城市全要素生产率（TFP）的政策净效果。为了避免上述因素对本文结论的干扰，参考贾彩彦和华怡然（2022）的做法，我们采用间接性安慰剂检验来解决这个问题。其原理是：随机分配实验组，对照组以及自贸区的建立时间。我们将这个过程重复 500 遍，由于过程的随机性，自贸区建立（ftz）的系数 α_2 应该是 0，所以如果发现系数 $\alpha_2 = 0$，这说明基准回归结果是有效的。如图 2 所示，系数 $\hat{\alpha}_2$ 分布在 0 附近，且服从正态分布，同时显著地异于其真实估计值。由此可以证明，即使存在某些不可观测因素，自贸区的建立对所在城市全要素生产率仍具有真实的推动作用。

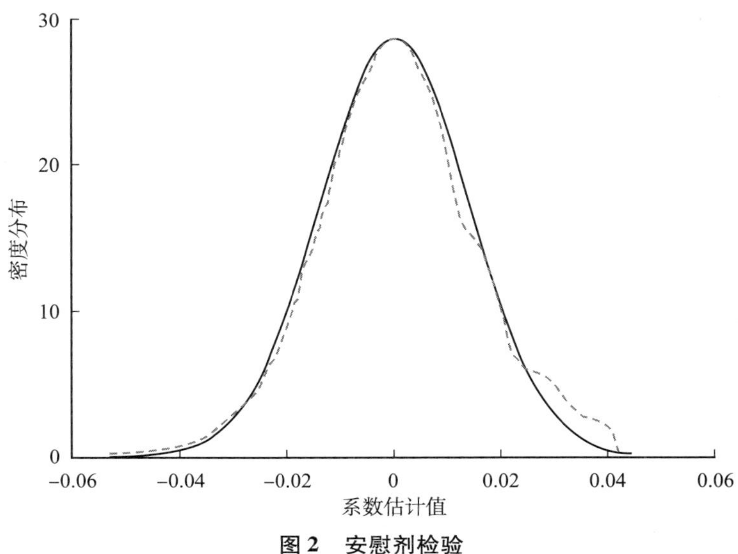

图 2　安慰剂检验

2. 反事实检验

通过改变自贸区的建立时间来进行反事实检验，本文将自贸区的获批时间提前 1 ~5 年，如果在此过程中自贸区建立的系数 α_2 依旧显著，则说明有可能存在其他政策或其他因素对全要素生产率的增长产生影响；反之，如果系数 α_2 并不显著，则说明自贸区的建立的确对所在城市的全要素生产率（TFP）产生了推动作用，进一步加强了基准回归结果的可信度。反事实检验的结果如表 3 所示，只有在提前 2 年时，系数 α_2 仅在 10% 的水平下显著，其他系数均不具有统计学意义上的显著性。因此，自贸区的建立推动了其所在城市全要素生产率的提高及其可信度的进一步增强。

表 3　反事实检验

被解释变量	城市全要素生产率（TFP）				
	(1)	(2)	(3)	(4)	(5)
ftz	0.0615 (0.0438)	0.0590* (0.0345)	0.0707 (0.0453)	0.0734 (0.0458)	0.0700 (0.0496)
_cons	1.009*** (0.281)	0.998*** (0.300)	0.992*** (0.306)	0.978*** (0.294)	0.960*** (0.274)
控制变量	Y	Y	Y	Y	Y

续表

被解释变量	城市全要素生产率（TFP）				
	(1)	(2)	(3)	(4)	(5)
城市效应	Y	Y	Y	Y	Y
时间效应	Y	Y	Y	Y	Y
N	3 211	3 211	3 211	3 211	3 211
R^2	0.733	0.733	0.733	0.734	0.733

注：括号内为标准差。* 表示 $p<0.1$，** 表示 $p<0.05$，*** 表示 $p<0.01$。

（四）中介效应检验

运用上文的中介效应检验模型，对资本错配和城市创新能力的中介效应进行检验：回归结果如表 4 所示。在列（1），自贸区设立（ftz）的系数为 0.0812，并且通过了 0.1 的显著性检验。这说明自贸区的建立有利于城市的全要素生产率增长。在列（2），自贸区建立的系数为 -0.0604，并且通过了 1% 的显著性检验。这说明自贸区的建立对于纠正资本错配具有积极作用。在列（4），自贸区建立的系数为 0.0873，并且通过了 0.05 的显著性检验。这说明自贸区的建立提高了城市的创新能力。列（3）、列（5）和列（6）分别考虑了中介变量资本错配、城市创新能力以及资本错配和创新效应对自贸区建立和城市全要素生产率的影响。在列（3）中，资本错配的系数为 -0.0817，并且通过了 1% 的显著性检验。这说明资本错配抑制了城市全要素生产率的提高，而自贸区的建立则有助于纠正资本错配。在列（5）中，创新效应的系数为 0.0308，并且通过了 1% 的显著性检验。这说明创新效应促进了城市全要素生产率的提高，而自贸区的建立则提高了城市的创新能力。综合上述分析，结合列（6）的回归结果，我们可以得出结论：资本错配和城市创新能力的中介效应是存在的。自贸区的设立通过纠正资本错配和提高城市的创新能力来推动城市全要素生产率的提高。

表 4　　中介效应检验结果

被解释变量	(1)	(2)	(3)	(4)	(5)	(6)
	TFP	tk	TFP	ie	TFP	TFP
ftz	0.0812 * (0.0473)	-0.0604 *** (0.0134)	0.0762 *** (0.0170)	0.0873 ** (0.0368)	0.0794 *** (0.0169)	0.0747 *** (0.0170)
tk			-0.0817 *** (0.0234)			-0.0784 *** (0.0234)

续表

被解释变量	(1)	(2)	(3)	(4)	(5)	(6)
	TFP	tk	TFP	ie	TFP	TFP
ie					0.0308 *** (0.00841)	0.0297 *** (0.00841)
_cons	1.061 *** (0.286)	0.510 ** (0.225)	1.103 *** (0.286)	-3.377 *** (0.306)	1.250 *** (0.290)	1.283 *** (0.290)
控制变量	Y	Y	Y	Y	Y	Y
城市效应	Y	Y	Y	Y	Y	Y
时间效应	Y	Y	Y	Y	Y	Y
N	3 211	3 211	3 211	3 211	3 211	3 211
R^2	0.734	0.425	0.735	0.907	0.735	0.736

注：括号内为标准差。* 表示 $p<0.1$，** 表示 $p<0.05$，*** 表示 $p<0.01$。

（五）异质性检验

根据城市等级和建立自贸区批次的差异，本文进行了异质性检验。具体来说，按照是否是普通地级市的分类标准将实验组分为 2 组，其回归结果如表 5 中列（1）和列（2）所示；按照自贸区的建立时间，将实验组分为 3 组，其回归结果如列（3）、列（4）和列（5）所示。由表 5 中列（1）和列（2）可以看出，相对于普通地级市，将自贸区建立在直辖市或副省级城市更能够显著提高城市的全要素生产率。由列（3）、列（4）和列（5）可以看出第一批建立的自贸区对城市的全要素生产率的提高最为明显，其中矫正资本错配在其中做出的贡献最为显著；而 2015 年建立的自贸区对城市全要素生产率的促进作用并不明显，本文猜测原因可能是 2015 年建立的自贸区主要从事相对较低技术含量的原材料或中间品的贸易，因此并没有明显的技术进步导致全要素生产率的提升。

表 5　自贸区建立对城市全要素生产率的异质性分析

被解释变量	城市的全要素生产率（TFP）				
	(1)	(2)	(3)	(4)	(5)
FTZ	0.114 *** (0.0211)	0.00223 (0.0271)	0.353 *** (0.0667)	0.0135 (0.0313)	0.0698 *** (0.0205)
资本错配指数	-0.0733 *** (0.0234)	-0.0869 *** (0.0234)	-0.0597 ** (0.0238)	-0.0861 *** (0.0234)	-0.0882 *** (0.0233)

续表

被解释变量	城市的全要素生产率（TFP）				
	（1）	（2）	（3）	（4）	（5）
创新效应总量指数得分	0.0283 *** （0.00840）	0.0306 *** （0.00843）	0.0288 *** （0.00840）	0.0305 *** （0.00844）	0.0307 *** （0.00842）
_cons	1.313 *** （0.289）	1.141 *** （0.289）	1.065 *** （0.288）	1.159 *** （0.292）	1.191 *** （0.289）
控制变量	Y	Y	Y	Y	Y
城市效应	Y	Y	Y	Y	Y
时间效应	Y	Y	Y	Y	Y
N	3 211	3 211	3 211	3 211	3 211
R^2	0.737	0.734	0.737	0.734	0.735

注：括号内为标准差。* 表示 $p<0.1$，** 表示 $p<0.05$，*** 表示 $p<0.01$。

五、进一步研究

自贸区的建立可以推动其所在城市的全要素生产率的提高已被本文证实，但是自贸区的建立对邻近城市会造成什么影响，是否存在空间溢出效应？为此，本文参考了王亚飞、石铭（2023）的做法，进一步引入空间杜宾双重差分模型来考察自贸区的建立对周边城市所造成的影响。构建的模型如下：

$$TFP_{it} = \tau TFP_{i,t-1} + \rho WTFP_{it} + X_{it}\beta + d_t X_t \delta + \alpha ftz + Wftz\pi + \mu_i + \gamma_t + \varepsilon_{it} \quad (8)$$

式（8）中，$TFP_{i,t-1}$为被解释变量 TFP 的一阶滞后变量，W 表示空间权重矩阵，$d_t X_t \delta$ 表示解释变量的空间滞后，$Wftz\pi$ 表示自贸区设立在空间上的互动关系，其他变量的解释同基准模型式（1）。

表6呈现了在考虑空间计量模型的情况下，自贸区建立对周边地区的空间溢出效应的大小。列（1）至列（4）分别展示了在不同空间矩阵下的参数估计结果。我们注意到，列（3）中的空间效应最为显著。因此，我们以地理距离权重矩阵作为权重矩阵进行的回归分析被作为基础回归结果用于后续分析。基于基础回归结果，我们可以观察到，自贸区的建立对城市全要素生产率的直接和间接效应均显著为正，这表明自贸区建立不仅可以推动其所在城市全要素生产率提升，还可以推动周边地区城市的全要素生产率的提高，具有显著的空间溢出效应。值得注意的是，回馈系数为直接效应系数减去基准模型系数（0.007），其值大于0，表明自贸区的建立不仅有利于促进周边城市全要素生产率的提高，同时周围城市的发展也会加速自贸区所在城市全要素生产率的增长。

表 6　　自贸区空间溢出效应的检验

被解释变量	城市全要素生产率（TFP）			
	空间邻接矩阵 （1）	经济距离矩阵 （2）	地理距离矩阵 （3）	经济地理加权矩阵 （4）
W × ftz	-0.0112 （0.0384）	0.00290 （0.0443）	0.753 *** （0.211）	-0.000663 （0.0408）
直接效应 - ftz	0.0725 *** （0.0200）	0.0754 *** （0.0199）	0.0755 *** （0.0201）	0.0757 *** （0.0199）
间接效应 - ftz	-0.00778 （0.0395）	0.00482 （0.0447）	0.544 *** （0.138）	0.000854 （0.0411）
总效应 - ftz	0.0647 （0.0433）	0.0802 * （0.0473）	0.619 *** （0.136）	0.0766 * （0.0442）
Spatial - rho	0.0280 （0.0259）	0.00126 （0.0367）	-0.362 ** （0.181）	-0.00232 （0.0372）
Variancesigma2_e	0.0125 *** （0.000313）	0.0125 *** （0.000313）	0.0124 *** （0.000309）	0.0125 *** （0.000313）
控制变量	Y	Y	Y	Y
城市效应	Y	Y	Y	Y
年份效应	Y	Y	Y	Y
N	3 211	3 211	3 211	3 211
R^2	0.007	0.035	0.008	0.027

注：括号内为标准差。* 表示 $p < 0.1$，** 表示 $p < 0.05$，*** 表示 $p < 0.01$。

六、结论与启示

（一）研究结论

本文基于 2007 ~ 2019 年中国 247 个地级及以上城市的年度面板数据，采用多期双重差分法评估了自贸区片区设立对城市全要素生产率的影响。研究发现：自贸区能显著地推动城市全要素生产率的发展；自贸区对城市全要素生产率的影响存在明显的异质性，在行政级别更高的城市和第一批建立的上海自贸区作用效果更加显著；资本错配和创新效应在自贸区推动城市全要素生产率的提高方面起到了中介作用；通过进一步的研究发现，自贸区的建立有力地推动了周边地区城市的全要素生产率的提高，具有显著的空间溢出效应。

（二）政策建议

中国自贸区政策的实施显著促进了城市的全要素生产率发展，这表明自贸区片区有着成为中国经济稳定发展有效载体的潜力。为此，应全力推进自贸区片区的建设。应优化自贸区片区的空间布局，在符合自贸区片区审批条件的前提下，可将片区福利政策更多地倾斜给中西部城市和行政级别较高的大城市；为吸引更多的外国投资和促进贸易活动，需要制定更加优惠的政策，包括减免关税、降低税收负担、简化商务手续等，以增加自由贸易试验区的竞争力；促进政府简政放权，通过进一步简化行政审批流程、减少行政干预，提高政府服务效率，促进自由贸易试验区内的经济活动和投资；加强知识产权保护，提供便利的知识产权注册和维权机制，吸引科技、创新型企业在自由贸易试验区落地生根；积极寻求与其他国家和地区自由贸易试验区的合作与交流，互相借鉴经验，共同推动自由贸易试验区的发展；通过建设高水平的人才培养机构和科研中心，吸引和培养创新人才，提供创新支持和技术咨询服务，推动自由贸易试验区的科技创新发展；创立健全自由贸易试验区的法律体系和法律法规，加强司法保障，确保市场经济秩序、公平竞争和法治环境的健康发展；要充分地重视金融开放创新，一方面要加速探索金融自由化，加大融资力度，减小中小企业的信贷压力，另一方面也要重视金融体系的稳定性，使其始终为实体经济的发展起到护航的作用。最后，也要对互联网金融、科技金融等新型金融形式做更多尝试。

参考文献

1. 岑树田，葛扬．创新激励、地方财政科技投入与技术进步［J］．当代经济研究，2023（6）．

2. 陈永伟，胡伟民．价格扭曲、要素错配和效率损失：理论和应用［J］．经济学（季刊），2011（4）．

3. 韩瑞栋，杜邢晔，薄凡．资本错配对企业全要素生产率的影响研究［J］．宏观经济研究，2022（6）．

4. 何杰，唐亮．西部内陆自贸区的经济增长效应研究：基于合成控制法［J］．国际商务研究，2023（1）．

5. 胡艳，陈张婷，李彦．自贸区建设对城市环境污染的影响——基于我国 267 个地级及以上城市的实证分析［J］．中国流通经济，2023（7）．

6. 胡怡啸，廖泽芳．空间溢出视角下自贸区对我国商贸流通产业的影响——基于数字经济调节作用的分析［J］. 商业经济研究，2023（15）.

7. 姬超，李艳丰. 政府规模扩张的资源错配效应：理论和实证——基于我国资本和劳动要素的门槛分析［J］. 投资研究，2023（1）.

8. 贾彩彦，华怡然. 自贸区片区对城市经济的作用评估：基于地级市层面的多期双重差分法研究［J］. 国际商务研究，2022（6）.

9. 林海英，丁茹，许海清等. "双循环" 视域下自贸区对农产品贸易的区域异质性影响［J］. 商业经济研究，2023（9）.

10. 罗颉. 自贸区对我国经济增长的影响研究［J］. 特区经济，2023（5）.

11. 聂飞. 自贸区建设抑制了地区制造业空心化吗——来自闽粤自贸区的经验证据［J］. 国际经贸探索，2020（3）.

12. 邱冬阳，曹奥臣，甘珈蔚. 设立自贸区促进经济增长存在地区差异吗？——基于准自然实验的实证研究［J］. 投资研究，2022（11）.

13. 司春晓，孙诗怡，罗长远. 自贸区的外资创造和外资转移效应：基于倾向得分匹配 - 双重差分法（PSM - DID）的研究［J］. 世界经济研究，2021（5）.

14. 孙志超，王涛，郭慧文等. 技术创新、产业集聚与经济发展［J］. 经济问题，2023（7）.

15. 万兴，范金，胡汉辉. 江苏制造业 TFP 增长、技术进步及效率变动分析——基于 SFA 和 DEA 方法的比较［J］. 系统管理学报，2007（5）.

16. 王建康，韩倩. 创新驱动是否促进了城市经济高质量发展？［J］. 科学学与科学技术管理，2022（11）.

17. 王浦劬. 自贸区建设的出发点与政府职能转变［J］. 深圳大学学报（人文社会科学版），2015（6）.

18. 王三兴，石大庆. 自贸区设立对经济高质量发展的影响研究——基于 270 个地级市的实证分析［J］. 大连海事大学学报（社会科学版），2023（4）.

19. 王亚飞，石铭，张毅. 自贸区设立促进了城市经济高质量发展吗——基于中国 268 个城市的准自然实验［J］. 当代经济研究，2023（6）.

20. 武力超，陈韦亨，林澜等. 创新及绿色技术创新对企业全要素生产率的影响研究［J］. 数理统计与管理，2021（2）.

21. 杨陈静，刘航. 自贸区协同发展的研究综述［J］. 四川行政学院学报，2019（2）.

22. 杨豪. 融资寻租、资本错配与全要素生产率［J］. 统计研究，2022（10）.

23. 叶霖莉. 自贸区建设对地区技术创新水平的影响效应研究［J］. 技术

经济与管理研究，2021（9）.

24. 于佳秋．浙江自贸试验区建设对周边城市的影响与启示［J］．江南论坛，2020（12）.

25. 张阿城，于业芹．自贸区与城市经济增长：资本、技术与市场化——基于 PSM－DID 的拟自然实验研究［J］．经济问题探索，2020（10）.

26. 张军，吴桂英，张吉鹏．中国省际物质资本存量估算：1952－2000［J］．经济研究，2004（10）.

27. 张庆君，李萌．金融错配、企业资本结构与非效率投资［J］．金融论坛，2018（12）.

28. 张潭君．自贸区设立对企业出口产品质量影响效应分析——兼论融资约束的中介效应［J］．商业经济研究，2023（16）.

29. 钟军委．地方政府债务对资源空间配置优化的影响研究［J］．财政研究，2021（1）.

30. 周祥军，高宇颖．自贸区是地区贸易发展中的“制度高地”还是“政策洼地”——基于空间双重差分模型的检验［J］．哈尔滨商业大学学报（社会科学版），2020（6）.

31. Baron，Kenny D A. The moderator mediator variable distinction in Social Psychological－research－Conceptual，Strategic and Statistical Considerations［J］. Journal of Personality and Social Psychology，1986，51（6）.

Assessment of the Impact of Free Trade Zones on Cities' Total Factor Productivity: A Quasi - Natural Experiment Based on 255 Cities in China

Liu Zhen Gao Dezheng

[**Abstract**] Against the backdrop of domestic and international dual circulation, free trade zones have become a "testing ground" for a new round of reform and opening up. This article takes China's free trade pilot zones as the research object and employs a multi-period difference-in-differences model to analyze the impact of the construction of free trade zones on urban total factor productivity. The research results show that after the establishment of free trade zones, urban total factor productivity has significantly improved, benefiting from the correction of capital misallocation issues and the enhancement of urban innovation capabilities. Furthermore, further research has also found that the establishment of free trade zones not only has a promoting effect on the cities where they are located, but also has significant spatial spillover effects on surrounding areas and cities' total factor productivity development. Therefore, cities that are not designated as free trade zones should creatively absorb the experience and achievements of the construction process of free trade pilot zones based on their own factor endowments, in order to promote further economic development in their own cities. The research results have important policy implications for further promoting the construction of free trade pilot zones and enhancing urban total factor productivity. At the same time, this research method can also provide references and guidance for relevant studies in other regions and fields.

[**Key Words**] Free Trade Zone total factor productivity multi-period difference-in-differences model spatial spillover effects

外汇创新服务烟台自贸区的探索与思考

王卫东　王　超　孙　璐*

【摘　要】贸易和投融资便利化自由化是自由贸易试验区的灵魂和根本。2019年以来，烟台外汇管理部门始终坚持真实性、便利化、防风险的管理原则，在贸易收支便利化改革、新型离岸国际贸易、区块链融资等多方面实现突破创新，助力自贸片区涉外经济持续稳健发展。

【关键词】**烟台自贸区　外汇服务　创新**

一、外汇服务支持自贸“多点开花”

发挥基层外汇管理部门的专业性优势，搭建好服务自贸片区发展的“四梁八柱”，大力推进资本项目收入结汇支付便利化、经常项目外汇收支便利化、跨境区块链融资业等一揽子外汇新政，助推自贸片区涉外经济加速发展。

（一）切实提升贸易投融资自由化便利化，满足各类社会主体的便利化用汇需求

1. 资本项目收入结汇试点业务全省率先落地，业务量居全省首位

为加大开放力度，激发市场主体活力，在当地外汇管理部门积极争取下，烟台片区率先启动全国首批经济功能区资本项目收入结汇支付便利化改革。企业事前无须提交任何材料即可办理资本金结汇支付，试点企业享受便利化的额度最高比例达100%，优于多个自贸区，区域内企业的投融资活力有效

* 王卫东：国家外汇管理局烟台市分局副局长；王超：国家外汇管理局烟台市分局副科长；孙璐：国家外汇管理局烟台市分局科员。通信地址：山东省烟台市芝罘区胜利路69号中国人民银行；邮政编码：264001，电子邮箱：1289610796@qq.com

增强。同时，指导招商银行在全省自贸片区中率先实现资本项目数字化服务试点场景落地，进一步提升服务效率。截至目前，区内共有37家企业办理业务3 574笔，完成便利化支付金额7.5亿美元。

2. QFLP试点业务全省率先落地生效，业务量居全省前列

为吸引外商投资股权进入，促进合格境外有限合伙人（QFLP）业务落地，当地外汇管理部门积极学习他区先进经验，联合辖区金融机构接洽知名基金管理人，制定出了高效专业、严谨合规的服务方案；同时，当地外汇管理部门全程指导招商银行烟台分行为企业办理QFLP相关业务，成功推动QFLP试点落地自贸片区。烟台首支QFLP在自贸区烟台片区注册成立，总规模约3 400万美元，累计流入资金2.6亿元，实现了以基金链拉动产业链发展的新突破。两支QFLP相继落地，可将境外资本投资于国内PE（私募股权投资）以及VC（风险投资）市场，助推高科技领域产业集群，在支持科创企业发展成金融、科技和产业三角互动与良性循环等方面发挥了积极作用，推动烟台片区产业链提档升级。

3. 贸易收支便利化试点扩容增效，业务量居全省首位

为实现业务申请“零”材料、业务办理“零”跑腿、资金入账“零”延时，在货物贸易收支便利化改革实施前，当地外汇管理部门已积极探索贸易收付汇电子单证线上审核业务，实现以单证清单代替单证原件，将业务时效从数天缩至半天。在货物贸易收支便利化改革后，当地外汇管理部门将该业务模式在自贸片区进行全面推广复制，为自贸片区重点进出口企业搭建批量审核服务模式。同时，为大力推进贸易外汇收支便利化改革，当地外汇管理部门分层次构建三类优质企业后备库，聚焦关注全市特色重点产业及高新技术中小企业等涉外主体，推动银企精准对接，银行根据“展业三原则”可以免于事前审单，企业可以免于事前提供交背景资料，企业贸易收付汇效率大幅提升。自试点以来，自贸片区贸易收支便利化试点企业达33家，收支金额127.3亿美元，便利化收支金额占比达53.8%，企业便利化收支效率实现创新突破。

4. NRA账户不落地结汇业务成功开办

根据《进一步推进中国（山东）自由贸易试验区济南片区和烟台片区外汇管理改革试点实施细则》，为实现自贸片区资金自由流通、推进贸易便利化、打破境外机构账户无法结汇的禁锢，实现自贸片区企业汇兑转账“零成本”，当地外汇管理部门指导农业银行烟台分行成功办理首笔NRA账户不落地结汇业务。某（香港）有限公司是一家注册地在香港的海运公司，其大量业务和员工都在内地且香港收付汇便利度有限，其想在境内设立非居民美元账户便于结算。作为自贸片区内首家开展此类业务的银行，农业银行烟台分行积极作为，根据展业三原则以及当地外汇管理部门自贸片区外汇业务创新

的政策指导，成功为该海运公司设立了美元账户用于结汇成人民币实现境内雇员工资支出，目前已累计为其办理结汇 1.6 万美元。

5. 跨境金融区块链融资服务持续领先

当地外汇管理部门肩负跨境管理职能，积极服务于自贸区改革开放大局，统筹促进贸易投资与跨境融资的关系。当地外汇管理部门抓住银行、企业两大主体，紧盯示范带动的关键环节，着力将跨境金融区块链融资业务打造成助复工、稳外贸的融资利器。面对部分企业规模小、抵押物少、信用信息匮乏、融资成本高等难题，当地外汇管理部门创新建立“三项机制”，利用跨境金融区块链服务平台缓解企业融资难贵问题，贸易融资真实性审核效率大大提升，业务办理时间由 2～3 天缩至 30 分钟。如针对某自贸片区企业授信额度不足，难以办理押汇，当地外汇管理部门积极指导区内银行利用区块链系统增信优势为其办理保理业务，助其顺利融资达百万美元。四年来，区内企业通过区块链平台累计办理业务 1 299 笔，融资 149.1 亿美元，年化融资成本仅为 2.2%，在全省三个自贸片区中遥遥领先。①

（二）自觉发挥外汇创新的主动性，不断提升外汇政策供给水平

1. 山东省率先推出服务贸易对外支付税务备案电子化

为提升服务质效，深入推进“放管服”改革，深化“互联网＋政务服务”水平，解决企业在税务备案表开立中等待时间长、往返跑、备案表真实性和唯一性核验手段匮乏等问题，当地外汇管理部门主动联合市税务局在全省率先开发了服务贸易对外支付税务备案电子化系统，实现汇税备案信息进行实时共享、有效监管。按照原有备案流程，企业需先到税务机关办理税务备案，再到付汇银行办理付汇手续，至少需 2～3 天时间。该系统上线后，成功实现网上办理备案，将业务办理时间缩短为几分钟，极大提高了付汇业务办理效率。长期看，该系统将进一步规范和完善企业进行税务备案办理、银行核验等全链条业务体系，促进自贸片区服务贸易投资便利化发展。汇银税协同发力，实现了“让数据多跑路、企业少跑腿”。据测算，每年约有 300 多家企业、2 000 余笔业务受益于此系统，金额近 10 亿美元。

2. 在全省率先推出“优企名单＋信用互认”机制和贸易便利化试点资格银行间互认机制

为实行“硬政策”与“软服务”双结合，当地外汇管理部门在全省率先推出“优企名单＋信用互认”机制支持自贸片区企业发展。利用筛选机制，科学设计“优企名单”指标体系，“优企名单”企业可在 23 家银行中任选一

① 数据来源于烟台经济技术开发区内部业务系统数据。

家无障碍办理经常项目单证审核优化等业务。其次，对入选“优企名单”企业进行单证审核流程再造，大幅提升外汇便利化水平。最后，建立以外汇业务系统和监测系统为主、银行日常业务监测与行业动态分析研判为辅的监测体系，加强对企业精准监督。企业通过网银递交银行货到项下付汇申请，同时上传对应进口关单信息表格即可，无须纸质或电子单证，汇款时效由两天缩短至半个小时，单笔支付时间由 2 ~ 3 小时缩为书面，人力成本可节省 90% 以上。同时，积极推广自贸区试点企业在自贸区试点银行共享机制，即自贸区的试点企业均可在自贸区的不同试点银行间享受贸易外汇收支便利化政策，进一步促进了便利化政策红利的释放。目前，烟台某重工有限公司表示，该创新措施进一步便利了企业外汇收支业务的办理，现在公司可以在自贸区的所有试点银行办理便利化业务，极大降低了业务办理成本。

3. 创新推出资本项目收入意愿结汇数字化服务

为降低企业成本，强化政策吸引力，当地外汇管理部门积极指导招商银行烟台分行在全省率先推出资本项目数字化服务试点。在资本项目账户开立、资金结汇及支付等 9 类业务场景中，通过将申请材料电子化并对接电子营业执照，成功实现“无纸化”“低碳式”业务办理。如某自贸片区企业从境外借入外债，由于笔数多且持续时间长，若按常规办理，企业需每天往返银行提交汇款申请和用途背景资料，人工、时间和脚底成本较大。当地外汇管理部门指导银行对该企业进行合规评估后，及时为其开通了结汇和支付便利化功能，通过网银在一个月内汇出款项 54 笔，获得了企业创新服务的高度认可。

4. 创新推出“五免”式避险产品“汇率保”，为中小企业管理汇率风险保驾护航

近年来，国际汇率形势大幅波动，外贸企业面临汇率风险较大。针对人民币汇率双向宽幅波动的常态，为解决中小微企业避险难题，当地外汇管理部门主动协调黄渤海新区管委会、自贸片区管委联合推出外汇衍生品避险全新产品——“汇率保”。该产品采用“基金分险 + 担保增信 + 政府奖补”模式，面向自贸片区内中小微企业，企业获得“白名单”准入后即可“零成本”办理外汇衍生产品规避汇率风险。在该模式下，烟台片区、外汇局、合作银行、担保公司“四方”联动，创新实施“五免”政策，即合作银行免收保证金、免抵质押、免于占用企业银行授信额度、担保公司免收担保费、免反担保，真正帮助企业管理汇率风险。某有限公司年均出口额达数十亿美元，在“汇率保”产品出现前，该企业做远期结汇需占用一定量流动资金，因此其长期对开办远期业务兴致不高，始终倾向于选择即期结汇。该产品出现后，企业可零成本办理收汇锁汇业务，极大解决其避险的后顾之忧。据测算，“汇率保”产品每年帮助 200 余家企业释放现金流近 1.5 亿元，每年可为企业

节省资金成本约600万元。

5. “便利化+线上化”为跨境结算业务助力加速

为使企业享受便利化红利，烟台市外汇局积极开展“外汇服务再提质，优质便利双百行”等活动，银行依托金融线上优势，不断积累便利化试点经验，跨境结算业务实现多项创新。为助力某自贸区龙头企业轻松付汇、提升效率，当地外汇管理部门指导银行为企业量身定制“批量汇款+全自动汇出”新模式，完成累积批量汇出471笔共4.1亿美元；为使大型跨境集团境内外公司和境内子公司之间资金实现高效、便捷融通，当地外汇管理部门指导银行运用线上化拳头产品“多级现金池+便利化”，实现跨境资金池成员企业和国内主账户之间外汇资金一键自动调拨，有效解决集团企业资金管理与结算痛点，目前为某企业累积办理68笔共1 624万美元。为缩短自贸片区某互联网企业对外付汇时间，当地外汇管理部门指导银行通过网银“银企直连+便利化”，帮助其深圳总部人员仅从财务系统实现下属子公司的付汇申请，缩短30天左右纸质审批时间，目前已累积实现便利化贸易付汇20笔共223万美元；招商银行烟台分行创新推出进口开证“闪融”产品，支持客户在授信项下开证发起申请，客户经理一键提用即可提交到单证中心审核客户条款，将传统进口开证8～9个环节减少至3个环节。某船舶公司适配“闪融”产品后，客户信用证开出效率大大提升，目前其已累积通过“闪融”开证近百笔。

（三）营造自贸与外汇服务之间高度的共识和独特的生态

1. 稳步推进自贸特色支行品牌建设

品牌建设是优化自贸片区外汇服务的主攻方向，众多外汇银行对自贸经济的角逐和创新竞争，决定了自贸片区须持续打造专业化、特质化的优秀外汇服务品牌。烟台自贸片区始终坚持争先创优的外汇服务理念，持续改善自贸片区用汇环境。2023年，中国（山东）自由贸易试验区烟台片区管委国家外汇管理局烟台市分局关于印发《中国（山东）自由贸易试验区烟台片区银行外汇服务特色品牌支行建设方案》，深入开展“优汇服务进万家”专项行动，高效完成助力外贸新业态规范发展等六项外汇管理改革重点任务，帮助企业缓解资金难题。当地外汇管理部门与地方政府联合印发了《中国（山东）自由贸易试验区烟台片区金融领域改革创新实施方案》，围绕健全完善金融服务体系、推进金融领域政务服务流程再造等五大方面进行改革创新。

2. 持续开展外汇政策辅导

当地外汇管理部门始终坚持问计、问需、问策，每年在自贸片区组织多场政策辅导专项活动，向自贸片区企业讲解最新外汇政策，如“活力自贸汇力共赢”外汇政策服务推介会、“潮起黄渤海　汇力自贸区”“扬帆汇海行稳致远”优汇服务进万家暨汇率避险服务系列推介会等，当地外汇管理部门人员根据自贸片区独特情况，对各项新业务、前沿业务进行解读和探讨，全力满足自贸区企业差异化需求。同时为探索更多贸易新业态落地，当地外汇管理部门联合自贸片区管委举办专题座谈，对支持新型离岸国际贸易发展、金融服务创新等若干措施进行详细解读，开办优质企业贸易外汇收支便利化试点及新型离岸国际贸易培训班，为4 000余人进行政策答疑。

3. 聚焦企业急难愁盼，切实解决企业发展中遇到的各类难题

当地外汇管理部门聚焦企业急难愁盼，指导银行积极开展各项特色化服务，瞄准“卡脖子”、专精特新和小微主体开展服务，切实解决企业发展中的难题。瞄准“卡脖子”难题，助力芯片类企业加快发展。根据某半导体有限公司的实际需求，指导该公司改变贸易模式，以轧差结算办理进料加工业务，减轻企业资金支出压力。同时，指导招商银行烟台分行为其开立经常项目账户专户结算实行进料对口轧差计算业务，对其日常逐笔收款及对应进出口报关单明细账进行登记管理。企业全部达产后，预计年销售额40亿元，每年节约税收0.4亿元。如将自贸片区企业作为贸易便利化试点的重要推广对象，当地外汇管理部门积极指导光大银行烟台分行与烟台融资担保集团有限公司合作，为某科技有限公司成功办理银政担项下汇率避险业务30万美元，银行机构免除该企业汇率避险保证金，担保费由省、市财政给予全额补助，通过“政府+银行+担保”的运作模式，为其节约保证金5万元，帮助企业首次体验套期保值产品的避险功能。某出口企业交单效性要求高，但因往返银行距离远，导致交单效率低且改单麻烦。为解决企业痛点，当地外汇管理部门指导招商银行烟台分行独家试水全省首笔出口自助寄单，企业通过网银扫描上传出口单据，银行审单并提出意见，企业改单后可自助寄单至国外开证行。目前该企业通过“自助寄单+便利化”模式实现寄单笔数18笔共442万美元。

二、关于外汇支持自贸片区外发展几点体会

（一）自贸区烟台片区是开展外汇政策创新的大舞台

烟台片区是烟台改革突破、创新发展的国家级重大开放平台和创新高地，目前区内共有5万多家市场主体，工业企业近3 000家，各类金融机构120余家，形成机械制造、电子信息、生物医药、化工新材料、节能环保、智能制

造等产业格局，在区域经济发展中占有重要地位。多样化的产业诞生了多样化的外汇需求。近年来，当地外汇管理部门始终以烟台片区为主要载体，构筑“效率更高、参与者更广泛、理念更优”的服务体系，促进烟台片区贸易投融资自由化便利化、推动贸易收支便利化高速发展。自 2019 年以来，当地外汇管理部门先后为烟台片区争取了 35 条外汇政策，支持烟台片区创下山东自贸区发展的多项第一；2022 年又为自贸片区量身出台了外汇创新服务举措 14 条，在多方面外汇业务进行了开拓性探索。当地外汇管理部门不断为自贸片区发展聚集新动能、发展新业态，坚持以更好的服务质量投身烟台改革大局。

（二）汇政银企多方合作是自贸片区持续发展的关键

自贸片区的业务特点较新，各类管理模式所需的创新思维活跃，原有的管理模式若不能高效及时处理自贸区的业务，则需要多方联动、协同助力创新型业务发展。当地外汇管理部门为推动自贸片区健康发展，积极联合政府及地方企业等各部门，特别是发挥各银行的整体合力，不断丰富汇政银企合作新内涵。“汇税银”协同发力，通过服务贸易对外支付税务备案电子化系统成功打通了税务和银行系统数据传输渠道，汇税部门成功实现了对备案信息的实时共享及有力监管；“汇关银企”共同推动铜精矿保税混矿业务试点落地，叫响了“保税 +”、打好了“混”字牌。为探索更多贸易新业态落地，当地外汇管理部门联合自贸片区管委，“政汇银”合作以座谈、走访等多种方式对支持新型离岸国际贸易发展取得明显成效。多部门共同推进，不断改进和优化外汇服务，让更多自贸片区的涉外主体享受到外汇红利便利。

（三）充分放权，让更多的市场主体享受到外汇便利化政策

自贸片区市场主体多元，企业层次各不相同，既有大量的大型企业集团，又有活跃的中小微及个人商户。当地外汇管理部门在持续优化对大型企业集团便利化服务的同时，不断创造条件，利用自律机制等途径充分放权，让更多中小微市场主体享受便利福利。通过依托烟台市外汇业务及跨境人民币业务自律机制，鼓励各商业银行在协商一致的情况下，自定区域性展业规范，形成疑难业务管理规则，促进各类创新性外汇业务发展。近年来，烟台自律机制在自贸片区出台各类文件 10 余个，有力地推动了银行自主创新的积极性。今年当地外汇管理部门积极筹办烟台市银行外汇业务及跨境人民币业务自律机制成立五周年会议，深入肯定烟台自律机制在汇智、汇力、汇服等方面助力自贸片区的积极作用。当地外汇管理部门通过自律机制宣传，允许银

行在能确定贸易收付业务真实合法的情况下，免于审单，赋予银行在办理业务过程中更进一步简化业务流程的自主权。同时，为支持区内本土企业向跨国公司发展，对于某些符合外汇管理改革方向和现行政策法规内涵，但部分细节与法规规定不相符的业务，当地外汇管理部门积极邀请企业、银行共同探讨，并向上级局争取政策，先后解决类似问题 3 个。通过当地外汇管理部门放权思维，使自贸片区市场主体更高效地决定跨境业务的贸易便利化程度。

（四）科技赋能，充分发挥现代科技在推进便利化中的作用

为切实推进各项贸易投融资便利化改革释放红利，不断优化进出口企业融资服务水平，当地外汇管理部门充分发挥各项试点业务在缩短融资审批时限和减少业务风险方面的显著优势，充分解决融资难、融资贵问题，全力推进抗疫情、稳外贸、促发展。当地外汇管理部门积极推进各银行业务系统升级与贸易外汇收支便利化政策升级相结合，指导各商业银行推出了电子单证、定制批量服务程序、集团银企直连等大量科技创新业务，充分利用金融科技的力量，将各类贸易便利化改革政策的作用发挥到最大限度。为破除政策障碍，让自贸片区内众多个人商户以平等的姿态参与对外贸易，支持推动自贸片区跨境电商、市场采购等贸易新业态跨越式发展，按照“高点定位、后发优势、规范运作、行稳致远”的原则，稳步推进市场采购、跨境电商等贸易新业态业务。

三、关于进一步支持自贸片区建设的努力方向

针对烟台片区作为烟台经济改革创新的“生力军”地位，当地外汇管理部门作为外汇领域发展的“先行者”，将继续立足基层人民银行和外汇局职责，紧紧围绕烟台片区的区域优势、产业布局和资源禀赋积极向上级局申请政策支持，持续探索、推动金融开放，力争取得更多可复制、可推广的外汇创新成果。

（一）认识要再升华

烟台片区的设立，对烟台市加快构建开放型经济新体制、打造对外开放新高地具有重要战略意义。立足于烟台已经形成的金融创新开放便利市场体系，烟台片区作为制度创新高地和“先行先试”的示范区，应进一步明确要以服务实体为主线，持续围绕政府管理、营商环境、市场主体、高新科技、

绿色发展等多项领域，全方位、多层次地推进烟台自贸片区金融创新开放的有序建设，以自贸片区金融创新带动外汇发展进而促进产业转型升级，实现烟台经济持续超越（王方宏、杨海龙，2020）。当地外汇管理部门将以过去四年发展为基点，继续勇挑改革重担，积极推进各类优惠政策先后在烟台片区落地，为涉外企业解决个性化问题。在加强外汇改革的同时，当地外汇管理部门将搭建好更广阔的服务平台，创造更加良好的营商环境，为区内企业提供更多机会。通过简化进一步自贸片区外汇投融资办理流程，调动中小企业投融资的积极性，持续推动全市贸易外汇收支便利化试点工作，积极助力QFLP等业务，吸引更多优质涉外企业进驻烟台自贸试验区，进而提升自贸片区乃至全市的整体涉外经济发展水平。

（二）合作要再深化

为统筹贸易投资便利化与防范跨境资金流动风险的关系，大力推进各项贸易投资便利化改革，切实提升基层外汇履职和服务能力，当地外汇管理部门将持续聚焦多部门合作，发挥好部门创新合力。通过建立跨部门沟通机制以建立明确的工作流程，定期进行会议研讨以及时共享实施政策，疏通外汇业务落地的部门阻滞。自贸片区管理机关及有关部门可依托对自贸片区企业贸易的分析研究及丰富的信息资源，为外汇局、金融机构、外贸企业之间搭建信息发布和沟通交流平台。基于互相尊重信任等目标，坚持强化协作文化，共同促进自贸片区长远发展，提升合作效果。同时，各部门也可以在组织流程上进行突破创新。以自贸片区商业银行为例，可从制度上对其进行创新设计，积极变革组织流程，尤其是对跨条线自贸业务创新流程，助推区内银行开展创新（朱玲，2021）。如一方面赋予银行自贸区支行更多的业务决策权，在风险可控情况下加快审批，真正体现出一级支行的层级优势。另一方面创新区内银行考核体系，引导区内银行开展创新业务，以创新效果、营业利润等效益指标代替传统业务量指标，网点环境设置、网点厅堂服务等检查时允许银行自贸区支行采用创新模式（王昌盛等，2020）。对于此类敢于突破、更新现有内部制度、适应新政的银行，可在便利化试点及相关白名单制度、绿色通道等方面给予优先考虑。

（三）机制要再强化

烟台银行自律机制作为烟台市金融监管的扩展平台、辖区外汇管理的有效补充，其在顺应自贸片区市场发展、促进银行外汇业务公平竞争、提高市场规范化水平、宣传外汇衍生品办理等方面发挥了积极作用。一方面，今后需继续发挥银行自律机制的作用，进一步肃清区内市场竞争环境，制定针对自贸片区境外机构的人民币与外汇衍生产品业务的展业规范，借用银行自律机制作用将自贸片区外汇业务盘深走实。通过持续打造自贸区外汇服务特色支行，指导区内银行业机构突出自贸区涉外经济优势和跨境外汇服务特点，加强流程再造和模式创新。另一方面，建议由银行自律机制牵头出台自贸片区内银行办理境外机构外汇衍生产品交易的操作细则，对业务审核、数据报送等方面再次进行明确，使得银行在业务办理过程中有据可依，增强办理业务的积极性和主动性。此外，介于自贸片区内企业种类多样、情形不一等实际情况，建议利用自律机制加强对境外机构外汇衍生产品业务办理的动态监测、实时分析，防范跨境资金异常流动、套利的风险，维护烟台自贸片区金融稳定（刘晗，2022）。当地外汇管理部门也将定期组织开展自贸片区外汇管理政策落实情况督导工作，通过进一步排查解决银行业机构在外汇政策执行落实过程中存在的问题，以自查他查相结合、全覆盖、重点抽查等方式疏通各种政策传导梗阻，确保自律机制将各项政策指导宣传到位、落地见效。

（四）服务要再优化

强化业务创新赋能提质提效对自贸片区发展有着深远意义。当地外汇管理部门将积极落实全市自贸片区建设的总体部署，持续深化推进政策落实落地落细，重点强化对银行业机构执行外汇政策服务效果的评估、督导和检查，用足用好现有的跨境投资便利化创新政策，提升自贸片区外汇精准化服务能力（张点等，2019）；同时，进一步做好调研摸底，深入挖掘自贸片区内企业对金融服务创新及贸易投资便利化的需求，积极争取总行、总局的支持，争取更多的创新政策落地烟台片区。为进一步创新各项外汇业务，将继续推动贸易便利化改革扩容，落实好企业“便利化白名单”机制，使更多优质的自贸区企业特别是中小企业纳入便利化政策范畴，为自贸区企业提供更优质的外汇服务。推动银行加强业务创新，在进出口贸易业务创新在跨境资产转让、境外融资、授信方面进行金融产品创新，提供全方位增信手段，围绕核心企业发展大物流和供应链促进产业生态发展，提供更全面的金融服务（金鹏辉，2019）。指导自贸片区银行不断丰富融资产品，根据外贸企业发展规划和实际需求，灵活选择合适的融资工具，积极转变融资方式，为外贸企业提供包含短期资金融通便利、中长期融资便利在内的全方面融资渠道。当地外汇管理部门将继续加强国际业务专项培训，同时组织有关部门和机构内部相关人员在外贸退税、跨境支付、易融资等方面进行专项培训，促使自贸片区银行机构员工进一步了解国际业务办理要点和流程，夯实金融综合服务能力基础。

参考文献

1. 金鹏辉. 以自贸区金融改革推动高质量发展［J］. 中国金融，2019（20）.

2. 刘晗. 自贸试验区外汇管理政策效果及建议——以河南省为例［J］. 经济研究，2022（1）.

3. 王昌盛，李琦，邓德强. 自贸区内银行网点创新金融服务路径研究——以南京片区A银行自贸区支行为例［J］. 现代金融，2020（8）.

4. 王方宏，杨海龙. 我国自贸区金融创新的特点、主要任务、成效与展望［J］. 海南金融，2020（2）.

5. 张点，解柠羽，董霞. 金融创新视角下上海自贸区对大连自贸区的经验借鉴［J］. 辽宁经济，2019（2）.

6. 朱玲. 金融强化自贸区进出口贸易支撑的对策研究——以中国河北自贸区（曹妃甸）片区为例［J］. 河北金融，2021（7）.

Exploration and Reflection on Foreign Exchange Innovation Services for Yantai Free Trade Zone

Wang Weidong　Wang Chao　Sun Lu

[**Abstract**] The facilitation and liberalization of trade and investment and financing are the soul and foundation of free trade pilot zones. Since 2019, the foreign exchange management department of Yantai has always adhered to the management principles of authenticity, convenience, and risk prevention, achieving breakthroughs and innovations in various aspects such as trade balance facilitation reform, new offshore international trade, blockchain financing, and assisting the sustained and stable development of the foreign economy in the free trade zone.

[**Key Words**] Yantai Free Trade Zone　foreign Exchange Service　innovation

JEL Classifications: F15